本书系江苏省社会科学基金"国际制度竞争背景下中国的国际组织战略研究"
(编号:21ZZD004)成果
本书由苏州大学优势学科资助出版

张雪 著

基于"委托-代理"理论的
主权国家与政府间国际组织的互动关系研究

JIYU WEITUO-DAILI LILUN DE
ZHUQUAN GUOJIA YU ZHENGFU JIAN
GUOJI ZUZHI DE
HUDONG GUANXI YANJIU

苏州大学出版社
Soochow University Press

图书在版编目(CIP)数据

基于"委托-代理"理论的主权国家与政府间国际组织的互动关系研究 / 张雪著. --苏州：苏州大学出版社, 2023.12
ISBN 978-7-5672-4645-4

Ⅰ.①基… Ⅱ.①张… Ⅲ.①国际组织-国际关系-委托代理-研究 Ⅳ.①D813

中国国家版本馆 CIP 数据核字(2023)第 230809 号

书　　名：	基于"委托-代理"理论的主权国家与政府间国际组织的互动关系研究
著　　者：	张　雪
责任编辑：	刘　俊
助理编辑：	宋宏宇
装帧设计：	吴　钰
出版发行：	苏州大学出版社(Soochow University Press)
社　　址：	苏州市十梓街1号　邮编：215006
印　　装：	广东虎彩云印刷有限公司
网　　址：	www.sudapress.com
邮　　箱：	sdcbs@suda.edu.cn
邮购热线：	0512-67480030
销售热线：	0512-67481020
开　　本：	700 mm×1 000 mm　1/16　印张：14　字数：206 千
版　　次：	2023 年 12 月第 1 版
印　　次：	2023 年 12 月第 1 次印刷
书　　号：	ISBN 978-7-5672-4645-4
定　　价：	58.00 元

凡购本社图书发现印装错误，请与本社联系调换。服务热线：0512-67481020

序 一

自威斯特伐利亚体系形成后,民族国家就一直是人类政治生活的核心。第二次世界大战前,没有任何国际关系行为体或组成单元对主权国家构成过威胁和挑战,主权国家体系和国际组织在威斯特伐利亚和会之后即已存在,一直和平共处。在全球化条件下,各国之间的相互联系、相互依赖加强,国家与国家之间的联系和往来都达到前所未有的程度,世界各国间利益得失的关联性和共同性越来越多,逐渐形成一个联系紧密的有机体系。在这个有机体系中,几乎没有一个国家能够自我封闭或置身局外。任何国家都不可能不借助国际社会单方面地满足自身生存和发展的需要,而对环境污染、灾害传导、跨国犯罪及反恐斗争等这些人类共同的难题,单个国家无法独自应对,也很难凭借一国的力量获得预期的国家利益。所以,主权国家的多国家体系的形成与国家间多边交往的需求、国家间的相互依存关系及其利益的一定重合,产生了国际合作的必要和可能。国家之间的协作促使更多的国际组织出现。国际组织的发展也将更加深入与积极,正如全球化趋势不可逆转一样,国际组织的作用将随着全球化程度的提高而日益加强。国际组织运用各种国际机制介入各国政治,协调错综复杂的国际关系,以维护国际社会的整体利益,从而形成新的权力体系与机制。而且,冷战后国际体系呈现多层次发展趋势,行为主体多元化更加明显。世界各大力量中心在国际关系的每个领域都是共同利益和矛盾共存,合作与竞争同步。协调各国共同利益、矛盾使得国际组织的功能在许多领域都被大大强化了。国际组织重要性的增加导致其实际权限不断扩大,其影响已在诸多领域深入成员国国家利益的核心部分。同时,国家几乎所有重大战略目标的实现也均需借助与国际组织的互动去获取和完成。一些传统的、主权国家独有的经济、社会权力演化为国际社会共有的权力。主权由原来一直被用来描述和界定国家内部和国家之间的权力关系变为现在描述和界定国家之间及国家和国际组织之间的权力关系。国际组织的大量出现和其影响的不断扩大已经成为当代国际关系的一个重要特征。

"国际组织"作为一门独立的学科，创立于第一次世界大战之后，即20世纪20年代，属于新兴学科。西方学者对国际组织的研究还不到一百年的时间，但相对于我国对国际组织的研究来说，起步较早。"国际关系"学科诞生后，有关国际组织的研究开始在国际关系研究的总体框架中进行，已有较多国际关系著作用专门的章节论述国际组织。1947年，《国际组织》（International Organization）学报在美国波士顿创刊，从20世纪50年代开始有研究国际组织的著作问世。《国际组织》学报最初以研究政府间国际组织为宗旨，开设了报道联合国及其他组织的重要活动的专栏。20世纪70年代专栏停办，转而致力于探讨支配主要国际关系行为主体之间关系的原则、规则和政治经济条件，提出了用相互依存模式、机制理论分析国际组织的新观点。从事国际组织资料、信息收集和整理的国际协会联盟（Union of International Associations，UIA）定期发布《国际组织年鉴》（Yearbook of International Organizations），为这一领域的研究提供了最基础的资料保证。相比之下，我国对国际组织的研究到20世纪80年代才起步，对国际组织的研究比较薄弱，研究成果不多，大多停留在整理资料、介绍情况的层次。进入21世纪以来，新兴国家群体性崛起，国际体系结构发生转变。2008年金融危机后，美国主导的国际制度体系受到巨大冲击，为国际组织的职能行使提供了更大的平台，也为中国等新兴发展中国家与政府间国际组织的互动提供了机遇。在这一背景下，国内的相关研究呈现迅速发展之势，相关研究成果集中在几个方面：一是以国际组织的个案分析研究为主，以联合国、欧盟、世界贸易组织、国际货币基金组织等为研究重点；二是从不同的国际关系理论视角来研究国际组织；三是把国际组织与国际社会、国家经济发展联系起来进行研究。近年来，随着中国国际关系理论研究水平的提高，中国国际地位上升及在国际组织中的影响增大，我国更重视对国际组织的研究，尝试从跨学科理论角度来研究国际组织的高质量著作数量呈明显上升趋势。

"委托-代理"理论是20世纪70年代起源于制度经济学领域的旨在研究契约关系的成熟理论，而主权国家与国际组织的互动关系则是全球化背景下国际关系研究的重点议题。实际上，将经济学原理运用到国际关系学科研究的先例并不罕见。在国际关系理论体系中，结构现实主义最初是把市场和企业之间的关系模式嵌套在国家与国际社会的关系分析中，从而得出一个高度简约的国际体系理论。而新自由主义学者也经常将微观经济学理论应用于分析国际制度问题。在本书中，作者从制度经济学中汲取灵感，将"委托-代理"理论作为分析国家与政府间国际组织互动关系的研究方法和逻辑框架，无论是从对该理论的理解、解释还是运用方面，对当前针对该议题的研究来讲，都具有非常重要的补充和创新意义。尽管目前国内关于国际组织的相关研究也经常提及"委托-代理"理论，但是从跨学科理论的借鉴和运用方面出发，最重要的任务之一就是要将原本的理论概念经过创造性的转化，形成具有可操作性和可证伪性的话语体系。在这一方面，本书相对于很多既有成果来说做出了有价值的尝试。

张丽华
2023年9月于长春

序 二

自20世纪以来,国际关系发生了巨大的变化。第二次世界大战后,国际组织越来越活跃,在国际关系中扮演十分重要的角色。从20世纪70年代开始,国际经济与国际政治因素相互依存的现象日益明显。20世纪90年代全球化背景下,由于国际合作趋势加强,国际组织的作用和地位依然不可低估。随着冷战的结束,尤其是进入21世纪以来,政府间国际组织在战后国际秩序中的功能、特性和行为发生了明显的变化,虽然国际局势仍是以大国竞争为主导的格局,但是主权国家与国际组织,尤其是政府间国际组织的频繁互动,在很大程度上对国际关系造成了重大影响,使国家与政府间国际组织之间的关系更具复杂性。面对这种复杂性,长期主导国际组织研究的国际政治理论逐渐暴露出解释力上的不足。而源于经济学的"委托-代理"理论作为一种识别"关系"的中立性工具和维度,为分析国家与政府间国际组织的互动关系提供了更为科学的研究框架。该理论从"理性经济人"的假定出发,指出通过授权建立的主体间关系会随着双方理性的互动而产生变化。

本书作者选择国家与政府间国际组织作为研究对象,并以制度经济学中的"委托-代理"理论作为研究的理论工具,选题跟踪国际关系最新发展动态,并具有以下几个鲜明的特色:第一,理论色彩比较浓厚。作者在开篇就设定将制度经济学中的"委托-代理"理论运用于国家与政府间国际组织的互动分析,整本书的章节安排沿着作者已经设定的研究纲领的逻辑顺序展开,理论与现实高度融合,得到很好的运用。第二,作者对"委托-代理"理论及国家与政府间国际组织互动构成的很多新现象进行了具有创新性的解释，包括一些概念的建构、相关要素的因果关系等。此外，书中多处体现出对一些重要概念的详细解析，包括一些跨学科的观点运用和学术理解。第三，作者在研究方法运用方面也具有特色，除了涉及国际关系和经济学方面的主要研究方法外，本书成功地运用典型案例研究方法来对三个重要的政府间国际组织做案例研究。国际关系研究，尤其是国际组织研究中的实证研究，是非常宝贵的，通过这几个案例的研究分析得出的结论也具有重要的学术研究价值。

本书的精彩之处在于作者在写作中对主题的发掘和展开比较深入。例如，第二章对"委托-代理"理论下国家与政府间国际组织互动关系的构成要件做了比较明确的定位和概括，即作为委托人的国家、作为代理人的政府间国际组织，以及两者之间互动关系的实质——前者对后者的授权、授权的定义和类型。第三章深入分析了"委托-代理"理论下国家与政府间国际组织互动关系的三个核心假定，将国家和政府间国际组织分别假定为理性的委托人和理性的代理人，但是两者存在信息不对称。尤其还概括出这两者的互动特征：国家是"集体委托人"，政府间国际组织是"复杂代理人"，且它们之间的互动关系是一种冗长的"委托-代理"关系链。第四章也有一些具有创见性的表述，如国家对政府间国际组织的依赖，以及控制方式和途径，对这种控制的四种机制的分析比较有特点。此外，政府间国际组织对国家的对冲策略及其影响因素完全是作者研究分析后得出的有见解的观点。第五章对三个典型案例的各自主要特点进行提炼和概括比较，包括成员国主导型政府间国际组织：以北大西洋公约组织为例、处于中间道路的政府间国际组织：以国际货币基金组织为例和突破约束的政府间国际组织：以世界卫生组织为例。以上表述不仅仅是书中的某个标题，这三个案例还很有代表性意义，相信作者在做选择时经过了长期的思考和多次对比，最终寻找到其中的主要特点和代表性，并用自己的语言表达出来。最后，作者就新中国成立后中国与政府间国际组织的互动进展、类型与特征进行了有意义的总结与概括，突出了中国与政府间国际组织的互动实践对战后世界政治经济制度框架形成的积极意义。总而言之，本书将制度经济学理论引入国家与政府间国际组织的互动关系的研究当中，作为分析国家与政府间国际组织互动关系的"研究纲领",将政府间国际组织视为具有独立偏好的行为主体,并将成员国与政府间国际组织的互动关系视为通过授权建立的"委托-代理"关系,把双方的偏好和特性还原到两者的互动关系中去,从而观察、分析国家与政府间国际组织在互动关系中的行为逻辑、特征、方式,以及可能的互动结果。这是以国家作为研究中心的国际政治理论所无法代劳的,对当前国际组织的研究来讲,是一种研究路径和分析方法的有效创新。

王 生

2023年9月于长春

目　录

■ 导论　国家与政府间国际组织互动的逻辑、特征、方式和结果到底是什么 / 1

第一节　研究缘起与研究意义 / 3

第二节　国家、政府间国际组织与互动关系 / 9

　　一、国　家 / 9

　　二、政府间国际组织 / 10

　　三、互动关系 / 11

第三节　国家与政府间国际组织的互动关系研究的历史及现状 / 12

　　一、理想主义理论：作为国家间安全盟约的政府间国际组织 / 13

　　二、现实主义理论：作为国家权力工具的政府间国际组织 / 15

　　三、新自由制度主义理论：附属于国际制度的政府间国际组织 / 17

　　四、传统国际政治理论的批判性理论对国家与政府间国际组织的互动关系的认知 / 19

　　五、国际关系合法性研究对国家与政府间国际组织的互动关系的认知 / 22

　　六、上述相关研究对国家与政府间国际组织的互动关系解释力的不足 / 24

第四节　理论基础与研究进展 / 27

第五节　研究设计 / 29

■ 第一章　认识"委托-代理"理论：基于拉卡托斯的科学研究纲领方法论 / 35

第一节　拉卡托斯的科学研究纲领方法论 / 37
　　一、拉卡托斯的科学研究纲领方法论的产生背景 / 38
　　二、拉卡托斯的科学研究纲领方法论的主要内涵 / 39
　　三、拉卡托斯的科学研究纲领方法论的适用 / 41

第二节　"委托-代理"理论作为一种研究纲领 / 42
　　一、"委托-代理"理论建构研究纲领的早期探索 / 42
　　二、"委托-代理"理论的知识结构 / 45
　　三、"委托-代理"理论的分析框架及其在经济学领域的发展 / 48

第三节　"委托-代理"理论在政治学领域的检验及其对国际组织研究的启示 / 50
　　一、"委托-代理"理论在政治学领域的最初应用 / 51
　　二、"委托-代理"理论在政治学领域的检验和发展 / 54
　　三、政治学领域的"委托-代理"理论对国际组织研究的启示 / 57

本章小结 / 60

■ 第二章　"委托-代理"理论下国家与政府间国际组织的互动关系的构成要件 / 63

第一节　作为委托人的国家 / 65
　　一、主权国家的起源和发展 / 65
　　二、主权国家概念的界定 / 69

第二节　作为代理人的政府间国际组织 / 71
　　一、政府间国际组织的产生 / 71
　　二、当前国际组织的类型 / 73
　　三、政府间国际组织的界定 / 75

第三节　国家对政府间国际组织的授权　/ 77
　　一、授权的定义　/ 77
　　二、授权的类型　/ 79
本章小结　/ 83

第三章　"委托-代理"理论下国家与政府间国际组织的互动关系的研究纲领及特征　/ 85

第一节　"委托-代理"理论下国家与政府间国际组织的互动关系的核心假定　/ 87
　　一、核心假定1：国家是理性的委托人　/ 87
　　二、核心假定2：政府间国际组织是理性的代理人　/ 90
　　三、核心假定3：国家与政府间国际组织之间存在着信息不对称　/ 92

第二节　"委托-代理"理论下国家与政府间国际组织的互动关系的基本辅助假定　/ 94
　　一、国家为什么对政府间国际组织授权　/ 94
　　二、国家如何有效地控制政府间国际组织　/ 97

第三节　"委托-代理"理论下国家与政府间国际组织的互动关系研究的新"保护带"　/ 98
　　一、国家作为"集体委托人"　/ 99
　　二、政府间国际组织作为"复杂代理人"　/ 101
　　三、国家与政府间国际组织的冗长"委托-代理"关系链　/ 103
本章小结　/ 105

第四章　"委托-代理"理论下国家与政府间国际组织的互动方式　/ 109

第一节　国家对政府间国际组织的依赖　/ 111
　　一、政府间国际组织在国际社会中地位和作用的提升　/ 111
　　二、对政府间国际组织授权给国家带来的可能收益　/ 112

三、国家集体委托人内部的偏好异质性与权力分配状况对国家授权行为的影响 / 115

第二节 国家对政府间国际组织的控制 / 116
  一、甄选机制 / 116
  二、监督和报告机制 / 118
  三、制衡与奖惩机制 / 119

第三节 政府间国际组织对国家的对冲策略及其影响因素 / 121
  一、政府间国际组织对国家的对冲策略 / 122
  二、影响政府间国际组织对国家对冲策略的因素 / 124

本章小结 / 127

■ 第五章 "委托-代理"理论下国家与政府间国际组织互动的可能的结果：实例分析 / 129

第一节 成员国主导型政府间国际组织：以北大西洋公约组织为例 / 132
  一、北大西洋公约组织的成立：冷战军事对垒的产物 / 132
  二、北大西洋公约组织的发展与功能变化：美国主导下的军事政治联盟 / 134
  三、成员国对北约的控制方式：严格的监督和制衡机制 / 138
  四、成员国对北约实施有效控制的主要原因：成员国对偏好异质性的克服 / 141

第二节 处于中间道路的政府间国际组织：以国际货币基金组织为例 / 146
  一、国际货币基金组织的成立：竞争下的怀特方案和凯恩斯方案 / 146
  二、国际货币基金组织运作机制：成员国与国际货币基金组织的互动框架 / 149

三、国际货币基金组织协定的历次修正：大国对国际货币基金组织的影响及变化 / 151

四、国际货币基金组织在条件性政策上的自主性：分配冲突和信息优势 / 156

第三节 突破约束的政府间国际组织：以世界卫生组织为例 / 159

一、世界最大的国际卫生机构：与生俱来的强大自由裁量权 / 159

二、世界卫生组织发挥自主性的能力：专业性和分权化 / 162

三、世界卫生组织自主性的扩张：对国家授权的超越及对国际卫生规范的倡导 / 168

第四节 中国与政府间国际组织的互动：进展、成效与努力方向 / 170

一、中国参与政府间国际组织的历史 / 171

二、中国与政府间国际组织互动的主要类型与特征 / 174

三、中国与政府间国际组织互动的努力方向 / 177

本章小结 / 183

■ 结语 / 187

一、研究基本结论 / 189

二、未来研究方向 / 192

■ 参考文献 / 195

一、中文著作（含译著） / 195

二、中文期刊论文 / 197

三、英文著作 / 200

四、英文期刊论文 / 203

■ 后记 / 207

导论

国家与政府间国际组织互动的逻辑、特征、方式和结果到底是什么

随着冷战的结束，政府间国际组织在战后国际秩序中的功能、特性和行为发生了明显的变化，随着全球化的推进，政府间国际组织在国际合作中的作用越发凸显，主权国家与政府间国际组织之间的频繁互动对国际关系所形成的影响越发显著。进入21世纪后，国际制度竞争逐渐成为大国竞争的主流形式，而国际组织则是国际制度竞争的新焦点与新领域。这使得国家与政府间国际组织之间的关系更具复杂性：一些政府间国际组织仍如结构现实主义所描述的那样，致力于"服务"成员国，担任着合格的代理人角色；一些政府间国际组织虽在大部分情况下为成员国所主导，但有时也会在特定问题领域明确背离成员国的偏好；还有一些政府间国际组织自成立之后绝大部分的活动不再拘泥于成员国的需求，表现出明显独立于成员国的组织价值和利益目标，并为之不断发展自身的实力和扩大自身在国际社会中的影响力，甚至反过来塑造着成员国的行为。面对这种复杂性，长期主导国际组织研究的国际政治理论逐渐暴露出解释力上的不足。国际政治理论将它们试图探究的问题领域限制于"国家"在国际体系中的行为和特质之上，因而无法将政府间国际组织的偏好和行为完全平等地还原到国家与政府间国际组织的互动关系中，从而无法解释为什么国家与政府间国际组织之间的关系存在差异性和变化性。而源于经济学的"委托-代理"理论作为一种识别"关系"的中立性工具和维度，为分析国家与政府间国际组织的互动关系提供了更为科学的研究框架。

第一节 研究缘起与研究意义

第二次世界大战结束之后，国际体系进入了新的转型期，经济全球化和"复合相互依赖"的不断发展使国家对安全需求的紧迫性降低，寻求合作成为国际关系的主要特征之一。与此同时，以国际组织为代表的非国家行为主体在国际社会中的地位和作用越来越突出，其中由主权国家以缔结国际公约的方式形成的政府间国际组织更具有中立性、合法性和权威性，它们为国家间合作提供了更加专业的平台，促进国家之间的信息收集和共享,缓解国家之间的信息不对称并减少合作交易成本,进而改善国家间的合作前景,成为实现国际合作的一种主流方式。进入21世纪以来,尤其是在国际关系大发展、大变革与大调整的大变局时期,国际体系及主要国际关系行为体之间的互动方式又呈现出一些新的特征:一方面,冷战结束后,美国采取秩序建设的制度模式,国际制度竞争日益成为国家间竞争尤其是大国竞争的主流形式;另一方面,随着在国际社会中地位的提升与角色的转变,国际组织成为国际制度竞争的新焦点。在这种背景下,政府间国际组织在国际社会中的角色、定位和影响力的变化增加了其与国家之间的互动关系的复杂性和可研究性。

2018年4月14日,美国、英国和法国以阻止叙利亚使用化学武器为由,共同对叙利亚展开大规模军事行动,时任北约秘书长的延斯·斯托尔滕贝格(Jens Stoltenberg)随即对三国打击叙利亚的军事行动表示明确的支持。类似的事件在冷战后北约组织的各项活动中并不少见。无论是1999年以美国为首的北约在未经联合国安理会授权的情况下对南联盟实施军事行动,干涉科索沃危机,还是跨大西洋同盟利用北约东扩计划和乌克兰危机,与俄罗斯等相关国家进行战略抗衡,都体现出以美国为首的成员国对北约组织的主导和控制。实际上,成员国对北约的控制体现在方方面面,北约的资源主要来自成员国的直接和间接贡献,包括每个成员国拥有的部队和能力。成员国可以确定优先事次和资助安排,而北约则仅提供政治监督。但现实并非总是如此。在如今的国际社会中,政府间国际组织在特定议题上违背成员国的利益偏好行事已经是普遍现象。例如在乌拉圭回合谈判中,世界贸易组织(简称"世贸组织")在遭到当时绝大多数成员国反对的情况下,允许非政府组织参与谈判。在1999年"欧共体石棉案"中,世贸组织的上诉机构正式接受了来自非政府组织的"法庭之友"陈述,并在此后颁布《补充程序规则》,承认非国家行为体在争端解决程序中的主体资格。为了缓解财政压力,世界卫生组织(简称"世卫组织")于2013年启动了"筹资对话"制度,并在很多成员国反对的情况下,允许非政府组织机制化地参与世卫组织筹资讨论窗口,为非政府组织参与成员国就资金问题的辩论开了绿灯。① 此外，还有一些政府间国际组织能够在特定领域反过来影响和塑造国家的偏好与行为，发挥着超出成员国预期的作用。例如，国际货币基金组织就通过建立、传播相关的知识结构和经济模式影响着成员国对贸易支付逆差等问题的处理，并管制着第三世界国家的国内经济。② 在《保护工业产权巴黎公约》《保护文学艺术作品的伯尔尼公约》和"保护知识产权联合国际局"的基础上建立起来的世界知识产权组织（World Intellectual Property Organization，WIPO）自成立之后，有效地推动了知识产权保护的广泛立法，倡导并推动了知识产权国际保护规范的扩散。1999年，欧洲人权法院（European Court of Human Rights）裁定英国停止武力禁止同性恋的行为，因为这种行为违反了《欧洲人权公约》（European Convention on Human Rights）等。

上述事例反映出，作为一种重要的国际政治实践，国家与政府间国际组织的关系正经历着复杂的变化。这些变化深刻影响着国际关系的研究并给长期主导国际组织研究的国际政治理论带来了巨大挑战：一方面，如果我们遵循现实主义的理论逻辑和体系，政府间国际组织不过是国家对外战略的手段和工具，那么就无法解释为什么一些政府间国际组织的行为超越甚至违背了成员国的利益需求；另一方面，如果我们按照社会学制度主义的观点，将政府间国际组织视为具有高度自主性且被组织文化驱动的官僚组织，那么也无法理解北约这种成员驱动型国际组织的行为方式。这些挑战要求学者们从知识向度和实践向度进行反思：在当今国际社会中，由国家创立的政府间国际组织到底在多大程度上践行着国家的利益和需求？它们会在什么时候以怎样的方式背离成员国的偏好？为什么不同的政府间国际组织与国家的互动关系会有巨大差别？而某一特定的政府间国际组织与国家的互动关系又是因何随着时间和问题领域的变化而变化？我们应当以怎样的视角、标准和工具去分析、研究政府间国际组织的行为逻辑及其与

---

① PWC,"WHO Financing Dialogue Evaluation: Final Report," World Health Organization, April 17, 2014, accessed September 22, 2023, https://www.who.int/publications/m/item/who-financing-dialogue-evaluation---final-report.

② Michael Barnett and Martha Finnemore, *Rules for the World: International Organizations in Global Politics*(Ithaca and London: Cornell University Press,2004), p.9.

国家的互动关系？这一连串的问题所延伸出来的终极关怀就是：国家与政府间国际组织互动的逻辑、特征、方式和结果到底是什么？

从现实意义向度来讲，任何领域的理论研究的发展都会基于时间、空间条件的变换表现出解释力上的逻辑反常和实践事实上的经验反常，最终产生具有特定话语文本意涵的"问题性"。关于政府间国际组织在国际社会中的性质和地位的认知是一种基于历史真实与逻辑真实相互印证的自我实现预言（self-fulfilling prophecy）。20世纪以前，国际社会处于一个由主权国家绝对主导的环境当中，从1648年威斯特伐利亚和会到20世纪的三百多年当中，主权国家是国际社会的基本行为主体，甚至是国际关系的唯一执行者、参与者，主权和边界使国家形成相对封闭的"围城"。而与此同时，政府间国际组织的发展程度很低，无论是从理论上还是实践上，早期的政府间国际组织形态并不具备现代意义上的国际组织所表现出的结构、规模和影响力，其性质和功能都是依附、从属于主权国家的。① 进入20世纪之后，国际组织呈不断发展趋势，尤其是经过两次世界大战，各种国际组织如雨后春笋般涌现。为了适应国家间相互依赖和交往的程度不断加深的现实，各种政府间国际组织相继建立，并且这些政府间国际组织在机构设置、职能范围和运行机制上都越发完善。它们在国际政治中发挥着主权国家所不具备的独特作用，甚至可以通过约束国家行为，能动地改变国家的利益偏好，并运用专业的知识和信息资源，为国家间合作提供广阔的平台。② 政府间国际组织逐渐成为能够独立参与国际事务、具有国际法认可的合法国际行为主体。21世纪，在全球化的推动下，国际合作在政治、经济、文化等各个领域广泛开展。各种形式的政府间国际组织建立起国家之间经常性联系和交流的桥梁，有效地推动了国际合作。政府间国际组织的发展突飞猛进，并在国际社会中获得了前所未有的地位和价值空间。其不仅对国家的行为形成有力约束，还可以通过国际规范的倡导引领国家的利

---

① 张丽华：《主权博弈——全球化背景下国家与国际组织互动比较研究》，吉林大学出版社，2009，第76页。
② 薄燕：《作为官僚机构的国际组织——评〈为世界定规则：全球政治中的国际组织〉》，《外交评论（外交学院学报）》2008年第3期，第106页。

益偏好。正如张丽华教授所述的那样，国际组织成为国家的重要博弈对象。①

从理论意义向度来说，由于理论本身普遍存在滞后性，一个新的研究领域在产生和发展的初期往往难以建立自己的理论体系，因而需要寄生或依赖于既有的成熟理论体系，并借鉴该理论体系的研究结构去分析变量之间的关系。② 在对国家与政府间国际组织的关系的研究中，经过近一个世纪的理论和实践发展，其经验样本的增加已经逐渐显现出相对集中的问题领域，但是因对国际组织的研究长期处于国际政治理论的支配下，所以一直没有建立起系统且独立的分析体系。基于国际组织本身的发展状况，这一问题在20世纪前中期并不明显，学者虽然意识到理论创新的重要性，但是主流的观点仍倾向于认为现实的挑战并不是根本性的，相关研究还是可以通过国际政治理论各个流派之间的相互补足来完成。③ 例如，以新现实主义和新自由制度主义理论为代表的传统国际关系理论虽然不愿意承认政府间国际组织是影响国际关系的独立变量，但是为了使自身的理论更具可证伪性，很多学者也尝试对政府间国际组织的自主性做出解释，就连结构现实主义的代表人物肯尼思·华尔兹（Kenneth Waltz）也认为，政府间国际组织既有完成特定任务的目标，也有维系自身生存和延续性的目标。④ 同样奉行工具理性主义的功能主义和新功能主义学者也认为，政府间国际组织在创立之后的独立表现和行为是它们发挥功能的必要条件。以戴维·米特兰尼（David Mitrany）为代表的功能主义者认为，那些具备职能性和专业性的政府间国际组织能够在推动国家之间的技术性合作的同时，为国家间的政治合作打下基础。⑤ 而政府间国际组织自主性的产生在很大程度上是因为

---

① 张丽华：《主权博弈——全球化背景下国家与国际组织互动比较研究》，吉林大学出版社，2009，第8页。
② 王续琨：《交叉科学结构论》，大连理工大学出版社，2003，第1-11页。
③ 周朝成：《当代大学中的跨学科研究》，中国社会科学出版社，2009，第20-28页。
④ Kenneth Waltz, "Anarchic Orders and Balances of Power", in *Neo-Realism and its Critics*. ed. Robert O. Keohane, (New York: Columbia University Press, 1986), p.112.
⑤ 詹姆斯·多尔蒂、小罗伯特·普法尔茨格拉夫：《争论中的国际关系理论》，阎学通、陈寒溪，等译，世界知识出版社，2003，第550-552页。

国家间的合作和交流越来越趋向于专业性和非政治化①。新功能主义在继承功能主义的基础上，指出当国内的利益集团认为通过政府间国际组织可以实现一些国内政治层面实现不了的利益时，就会将相关权力让渡给政府间国际组织。②可见传统的主流国际关系理论承认政府间国际组织具备一定程度的独立性，但是其理论框架下的国际组织研究是围绕"国家中心主义"开展的，这也决定了其在包容国家和政府间国际组织的关系的现代性特征上存在根本性缺陷。③从20世纪中后期开始，主流国际政治理论关于国家与政府间国际组织之间关系的研究和争辩已经由充斥着"元理论"（metatheory）之争的批判、试错时期，进入一个注重理论反思、修正和积累的时期。在这一背景下，作为传统国际关系理论的批判性理论的社会制度主义对政府间国际组织是否能够作为分析国际关系的独立因果变量（independent causal variable），以及政府间国际组织是否始终处于成员国的控制之下，还是存在一种脱离成员国控制的自主性倾向④等问题，提出了截然不同的观点。社会制度主义认为政府间国际组织具有内生于组织本身的文化，且是一个完全独立于国家的官僚机构。虽然社会制度主义成功地打开了政府间国际组织的"黑匣子"，赋予其本体论地位，使政府间国际组织作为影响国际关系独立变量的事实在经验和理论层面得到了确认，更好地解释了国际组织的行为逻辑，但是，无论是坚持"国家中心主义"的传统主流国际关系理论，还是坚持"国际组织中心主义"的社会制度主义理论，都没有发展出关于国家和政府间国际组织的互动关系的实质性可证伪假设（testable hypothesis），或者说没有建立起针对国家与政府间国际组织的互动关系研究的科学纲领。

通过上述总结可以看出，国家与政府间国际组织的互动关系研究需要

---

① David Mitrany, "The Functional Approach to World Organization," *International Affairs* 24, no. 3 (1948): 350 – 363.

② Anne-Marie Burley and Walter Mattli, "Europe Before the Court: A Political Theory of Legal Integration," *International Organization* 47, no. 1 (1993): 41 – 76.

③ 刘莲莲：《国际组织理论：反思与前瞻》，《厦门大学学报（哲学社会科学版）》2017年第5期，第18页。

④ Mark A. Pollack, "Delegation, Agency and Agenda Setting in the European Community," *International Organization* 51, no. 1 (1997): 99 – 134.

一个有针对性的"研究纲领"(research program),这决定着研究者对自己研究领域的最基本的逻辑和认知。本项研究将"委托-代理"理论用于分析国家与政府间国际组织的互动关系并非否定主流国际关系理论在该议题上的主要观点和命题,而是认为任何理论的精确性和科学性并不在于它是一个能够解释任何现象的无所不包的理论,而是在于该理论是一个遵从"广度与强度反面变化"原则、专注于特定问题领域核心变量间关系的理论①。因此,本项研究的研究意义或目的就在于它并不试图解构现有的理论大厦,也不奢求创立全新的话语体系,而是通过引入一个指涉"关系"的成熟理论框架,发掘关于国家与政府间国际组织的互动关系研究的另一种模式和逻辑。

第二节 国家、政府间国际组织与互动关系

本书的研究对象是国家与政府间国际组织的互动关系。这里涉及三个核心概念,即国家、政府间国际组织以及互动关系。虽然一些概念在正文中已经有所涉及,但是也有必要在导论中进行提炼与说明,从而使本项研究的对象和范畴更加清晰。

一、国 家

不同学科对国家(state)界定的角度和标准是不同的。例如,民族学学科重视从民族的角度解读国家,所以特别强调国家的民族属性,认为国家分为单一民族国家和多民族国家。我国的民族学学者陈永龄认为,民族国家(nation-state)通常是指那些由单一民族组成的国家。② 建立在历史唯物主义基础上的马克思主义国家概念,则具有工具性、社会性、历史性等特征。马克思与恩格斯指出:国家是阶级统治的工具,是理想的总资本家,

---

① Ernest Nagel, *The Structure of Science: Problems in the logic of Scientific Explanation* (London and Indianapolis: Routledge and Hacket Publishing, 1961), p.575.
② 陈永龄:《民族词典》,上海辞书出版社,1987,第351页。

是社会的粘合因素,是一种制度集合体。国际政治学学科通常偏重于从主权的角度解读国家,强调国家的权力属性,认为国家就是指主权国家(sovereign state)。法学学科通常从国家的构成要件层面定义国家,认为国家指的是在一块土地上定居的人民在自己的主权政府下组成的实体,需要满足确定的领土、定居的居民、政府、主权四个要件。本项研究中所指的国家遵从国际政治学学科对国家的定义,主要指的是现代意义上的主权国家。主权是国家专属且排他的权威,主权意味着国家对其领土、国民、内政的绝对统治权,具有至高无上性和独立性。拥有主权是现代意义上的主权国家的最基本条件,代表着国家最本质的权力属性,只有被国际法承认的主权国家才有权成为政府间国际组织的成员国。

二、政府间国际组织

在国际组织(international organizations, IOs)产生和发展的初期,国际组织指的就是政府间国际组织,两者的概念是混同的。直到 20 世纪 40 年代,才有学者正式提出将"政府间国际组织"与"非政府国际组织"的概念进行区分。因此,政府间国际组织作为最主要的国际组织类型,具有国际组织的普遍特征,要对其进行界定,首先要了解什么是国际组织。关于国际组织的概念,学者们尝试从名称、历史、结构、功能等多个角度进行定义。例如,从历史范畴上讲,国际组织是国际政治实践发展到一定阶段的产物,其建立在国际会议的基础之上,但相比于国际会议,国际组织具有常设的、稳定的组织机构;相比于超国家的世界政府,国际组织是与主权国家平行的组织。① 张丽华教授认为,国际组织是指能够独立参与国际事务,在国际社会中行使国际权利并履行国际义务的国际实体(international entity)。② 饶戈平教授认为,两个以上国家的政府、民间团体或个人,基于某种或多种特定的目标,通过达成共识而创设的多国机构,

---

① 杨广、尹继武:《国际组织概念分析》,《国际论坛》2003 年第 3 期,第 55 页。
② 张丽华:《主权博弈——全球化背景下国家与国际组织互动比较研究》,吉林大学出版社,2009,第 45 页。

都可以被称为国际组织。① 由此可见，一个国际组织的成立本质上需要四个要件：（1）达成一个关于建立特定国际组织的国际契约；（2）稳定的组织机构；（3）拥有国际法律人格，能够独立地享受权利、承担义务；（4）符合国际法的相关规定，即国际组织是在国际契约的基础上依法成立的，在国际社会中具有独立国际法律人格，并且具备稳定组织机构的国际实体。而政府间国际组织则是由两个以上主权国家政府通过签订符合国际法的契约所组成的国际组织。政府间国际组织的成员只能够由国际法意义上的主权国家组成，非主权国家行为主体不可以成为政府间国际组织的成员国。

三、互动关系

互动关系（interact relation）是众多"关系"研究维度中的一种，也是国际关系研究中出现概率极高的一个术语，但是很少有研究专门对互动关系的涵义进行界定，甚至将互动关系简单地理解为一种相互作用的关系。当我们将互动作为考察主体之间行动的辅助性分析概念的时候，自然无需对互动关系做出专门的解释。但是，如果要深入地研究行为主体之间的互动机理，就必须对互动关系进行界定。例如，博弈论是一个研究主体间互动关系机理的简约理论，它关注主体之间的互动背景和环境、主体在互动中的收益，以及主体之间持续不断的相互影响。② 以博弈论为基础，本书认为对互动关系的界定应从以下三个方面进行：首先，从互动关系形成的外部条件来讲，"互动"是行为主体在特定环境中进行的，它需要主体之间基于特定的制度或传统，形成多次交往的相互依存关系。因此，一次性的交往并不能够形成互动关系。其次，从互动关系的性质上讲，它不仅仅是一种"关系"，还应当是一种"过程"。主体之间需要通过重复的交往活动，一方才能够对另一方的行为形成影响，而这种重复不断的活动就形成了所谓的"过程"。最后，从互动关系的机理来看，任何主体之间的互动都是带有一定利益目标的活动。利益是主体之间交往的动力和源泉，主体之间的

---

① 饶戈平：《国际组织法》，北京大学出版社，1996，第10页。
② Charles Lipson, "International Cooperation in Economic and Security Affairs," *World Politics* 37, no.1(1984):1–23.

利益关系影响着互动的方式和结果,因此,互动关系的本质也是一个寓于过程中的利益交错关系。

第三节 国家与政府间国际组织的互动关系研究的历史及现状

关于国家与政府间国际组织的互动关系研究大致经历了四波浪潮,[①] 而其中的大部分研究内容几乎都是在国际政治的理论范畴内进行的。第一次世界大战之后,国际联盟的建立引发了国际组织研究的第一波浪潮。在这一时期,相关研究主要在理想主义理论框架下展开。到了 20 世纪 30 年代末,西方资本主义经济危机和第二次世界大战的爆发重重地打击了理想主义的乌托邦式理论,国际组织的研究和实践也陷入了僵局。第二次世界大战结束之后,包括联合国在内的重要国际组织纷纷成立,带来了研究的第二波浪潮,其研究的重点有针对性地指向政府间国际组织的功能与结构。第三波研究浪潮从 20 世纪 70 年代持续至 80 年代末,[②] 这一时期的相关理论研究开始从对国际组织的功能和结构的研究转向国际机制和国际制度层面。尤其是在新自由制度主义和新现实主义之间的论战中,国际组织理论的内容更加概括和抽象,研究范畴也有所拓展,并达到了新的高度。到了 20 世纪 90 年代,在经济全球化和国家间相互依赖的发展及全球治理问题的推动下,国家与政府间国际组织的互动关系研究迎来了第四波浪潮。随着国际组织样本的不断丰富和问题领域的逐渐扩展,秉持国家中心主义的传统国际政治理论开始显现出解释力的不足。以建构主义为代表的传统国际政治理论的批判性理论为国家与政府间国际组织的互动关系研究开辟了新的思路。同时,学者们开始尝试跳出国际政治理论的框架范畴,借鉴其他学科的理论,探索解释国家与政府间国际组织的互动关系的新路径。为了

[①] 弗里德里克·克拉托赫维尔、爱德华·曼斯菲尔德主编《国际组织与全球治理读本(第二版)》,北京大学出版社,2007,第 1 页。

[②] 张小波:《国际组织研究的发展脉络和理论流派争鸣》,《社会科学》2016 年第 3 期,第 32 页。

能够简明扼要地展现国内外关于国家与政府间国际组织的互动关系研究的现状，笔者将按照相关理论发展的时间沿革，依据不同理论流派的主要观点进行梳理。

一、理想主义理论：作为国家间安全盟约的政府间国际组织

理想主义理论的兴起与第一次世界大战给人类社会带来的空前灾难密切相关。第一次世界大战所造成的生命和财产损失超过以往125年间所有战争的总和。① 战后，关于如何避免类似战争的再次爆发、维持世界和平成为人类面临的共同议题。很多政治家和国际关系学者开始从18世纪的启蒙主义和19世纪的理性主义理论中寻找答案，并在此基础上逐渐形成国际关系研究的理想主义理论。以美国前总统托马斯·伍德罗·威尔逊（Thomas Woodrow Wilson）、英国的弗朗西斯·布雷德利（Francis Bradley）等为代表的理想主义者认为，应当建立由所有民族国家平等参与的国际组织来实现世界和平与国际合作。

理想主义学说的重要理论基础是作为欧洲启蒙运动重要理论成果之一的理性主义。无论是格劳秀斯、康德，还是边沁、斯密，他们的理想主义国际关系理论都强调主观的合理性，是一种指向"应然"价值关系的纯粹逻辑思辨，是和实证主义、经验主义相对立的。理性主义被马丁·怀特（Martin Whyte）视为国际关系思想史的三大传统之一，强调国家是人的集合，而人则是理性的主体，来自人的思维能力的那种自明的、普遍的和先验的原则要远比感性经验来得可靠。② 勒内·笛卡尔（René Descartes）将理性视为"先天观念"和"根本的意识真理"。人的理性引导他们意识到自我的利益，并通过行动实现这些利益，而国家则是所有理性人达成的公共契约，因此国家也具有对利益的理性认知和追求。以传统理性主义为基础，国际关系的理想主义理论认为，在缺乏一个最高权力机构行使裁判权

---

① 倪世雄：《从理想主义到现实主义——西方国际关系理论简介之二》，《国际展望》1987年第2期，第22页。

② 刘力：《试论西方国际关系理论演进的理性主义基础》，《世界经济与政治》2006年第7期，第20页。

的国际社会中,国际社会处于"自然状态"。国家需要依靠理性追求自身的利益,并依靠道德和规范要素约束理性,从而限制和协调国际关系。理想主义的主要观点集中体现在由威尔逊于1918年发表的"十四点计划"中。"十四点计划"被视为"理想主义纲领",其内容主要包括建立航海自由、实现贸易平等、各国普遍裁军、各国公开签订协议等,其中第十四点提出:"必须在某些特殊契约条款下,为着大小国家同样获得保证的政治独立和领土完整之目标,构筑一个普遍的国家间联盟(a general association of nations)。"① 至于如何实现这些计划,理想主义者认为应当依靠人类的"普遍理性",强调世界秩序必须建立在人类有组织的理性舆论之上,② 反对权力尤其是军事权力对国际关系的干预,认为规范具有独立于权力的作用。

在理想主义的视域下,国际组织(这个时期指的就是政府间国际组织)成为"普世性"价值的集中体现。理想主义以国内政治为范本,希望在无政府状态的国际社会中建立由国际组织主导的国际政治秩序。③ 理想主义者认为,国际组织不同于欧洲协调时期国家之间为规范彼此行为所签订的各种条约,因为这些条约更像是临时"休战"协议,无法建立长久的和平。而国际组织则是能够保障国家自然权利、充满国际道义力量的常设国际安全机构。国际组织建立在国家之间明确约定权利和义务的契约之上,能够将国际规则内化成一种促进国家间共同利益增长的内在机制。正如威尔逊所述的那样:必须成立一个具有特定盟约的普遍性的国际联盟……这是达到永久和平的全部外交结构的基础。可以看出理想主义理论的核心特征就是强调规范、理性和道德是协调国际关系、制约国家行为的核心要素。在这些观点的基础上,理想主义视域下的国际组织通过普遍性的国际安全规则维护国家之间的集体安全,促进实现超越国家利益的人类共同利益,它反映出国际关系的"应然状态",甚至被视作能够主导国际秩序的超国家政府。

---

① 王逸舟:《西方国际政治学:历史与理论(第三版)》,上海人民出版社,2018,第58页。
② 爱德华·卡尔:《20年危机(1919—1939):国际关系研究导论》,秦亚青译,世界知识出版社,2005,第32—33页。
③ 刘传春:《国际组织与美国的理想主义和现实主义》,《华中科技大学学报(社会科学版)》2004年第1期,第30页。

二、现实主义理论：作为国家权力工具的政府间国际组织

现实主义理论认为，在国际社会的无政府状态下，只有国家能够得以存续，结构控制国家和国际社会的行为。① 政府间国际组织本质上就是国家间达成的国际协定，是国家权力的工具，其行为也只是反映国家之间尤其是大国之间的权力分配状况，而政府间国际组织内部的工作者也是为大国效力的。因此，政府间国际组织存在的意义完全是服务于国家的。

1939 年，爱德华·霍列特·卡尔（Edward Hallett Carr）的《二十年危机 1919—1939——国际关系研究导论》为第二次世界大战结束之后现实主义的兴起做出了重要铺垫。② 卡尔认为理想主义关于国际关系的设想太过于乌托邦，对规范和道德又过于依赖，完全忽视权力要素的重要作用。国际联盟的失败及第二次世界大战的爆发恰恰印证了这一点，因为只有想要维持现状的国家才希望通过国际组织维系现有的国际秩序，而那些不满足于现状的国家则会不断地通过强化国家权力改变现有秩序。在卡尔的基础之上，汉斯·J. 摩根索（Hans J. Morgenthau）开始尝试建立现实主义的理论体系。摩根索在《国家间政治：权力斗争与和平》一书中，将权力高度概括为国家行为的动机、手段和目标，③ 强调权力是国际关系的最根本要素。国家对权力的追逐是源于人性固有的"权力欲望"，人性对于权力的欲望是永无止境的，导致每个国家都表现出内在的侵略性，以及对现状的不满足。④ 国家之间对权力的争夺和斗争使国家的主权很难被限制，所以无法在国际社会中建立一个凌驾于国家之上的国际政府。又因为人性的本质是难以改变的，所以国际社会的无政府状态和冲突的现象都将会是持续的。⑤ 古典现实主义关于国际组织的论证重点主要在于强调权力政治，同时批判对

---

① 倪世雄：《当代西方国际关系理论》，复旦大学出版社，2001，第 166 页。
② 秦亚青：《现代国际关系理论的沿革》，《教学与研究》2004 年第 7 期，第 57 页。
③ Hans J. Morgenthau, *Politics Among Nations: The Struggle for Power and Peace* (New York: Alfred Knopf Press, 1962), pp. 37 – 40.
④ Christoph Frei and Hans J. Morgenthau, *An Intellectual Biography* (Baton Rouge: Louisiana State University Press, 2001), pp. 207 – 226.
⑤ Hans J. Morgenthau, *Politics Among Nations: The Struggle for Power and Peace* (New York: Alfred & Knopf Press, 1960), p. 612.

国际制度要素盲目推崇的非理性态度，认为任何形式的国际组织都无法真正消除国家间的权力差异，从而只能成为大国联合力量统治世界的工具。① 古典现实主义在理论建构方面并不成熟，在其指导下的国际组织研究也没有形成稳定的逻辑内核。从卡尔的全盘否定，再到摩根索对国际制度功能的探讨，是一个相对缓慢的问题创设过程。②

真正开启国际政治研究科学化道路的是肯尼思·华尔兹的结构现实主义。华尔兹抽象掉单元层面的国家属性，将国际社会的无政府状态视为解释国际关系的逻辑起点，认为在缺乏一个权威政府保障的无政府状态下，主权国家是相似的单位，每个国家彼此不信任，只能通过自助的方式保障自身的安全利益。此外，华尔兹认为，国际政治本质上是国家间的权力政治，但是权力并非国家的目的，而是为了实现生存和安全的手段。政府间国际组织只不过是国家权力的延伸，当国家主权受到威胁或国家利益难以维系的时候，国际组织将无法发挥作用。③ 现实主义对国家权力的重视在以约翰·J. 米尔斯海默（John J. Mearsheimer）的理论为代表的进攻型现实主义理论上体现得尤为突出。进攻型现实主义强调国家获得安全和生存保障的途径是最大化自身的权力，而非依赖像政府间国际组织这样的国际制度。米尔斯海默在《大国政治的悲剧》中指出，在国际社会的无政府状态下，成为霸主是每个大国为了生存彼此角逐权力的最终归宿。国际体系中的每一个大国几乎都是不满足于现状的"修正主义"国家，试图在世界权力中占有绝对优势。④ 对于怎样界定"绝对优势"，米尔斯海默认为军事实力是国家权力的直接体现，而人口数量和财富水平则是军事实力的主要支柱。在结构现实主义以权力为核心的国际组织研究中，"霸权稳定论"是对国际组织的产生、功能及发展阐释得比较完整的系统理论。"霸权稳定论"的理

---

① Hans J. Morgenthau, *Politics Among Nations: The Struggle for Power and Peace* (New York: Alfred & Knopf Press, 1960), pp. 37 - 40.

② 刘莲莲：《国际组织理论：反思与前瞻》，《厦门大学学报（哲学社会科学版）》2017 年第 5 期，第 15 页。

③ 肯尼思·华尔兹：《国际政治理论》，信强译，上海人民出版社，2003，第 118 页。

④ 约翰·米尔斯海默：《大国政治的悲剧》，王义桅、唐小松译，上海人民出版社，2003，第 42 - 44 页。

论基础是查尔斯·P.金德尔伯格（Charles P. Kindleberger）在国际经济领域关于霸权稳定的阐述。霸权稳定论坚持物质性权力的决定性作用，认为是霸权国的硬实力托起了国际制度，政府间国际组织是由体系内的霸权国家主导，体现并维护霸权国家的利益及其所倡导的国际秩序的工具。一旦霸权国家衰落，由霸权国家建立起来的国际制度将不复存在。在此基础上，从20世纪80年代开始，以罗伯特·吉尔平（Robert Gilpin）、史蒂芬·D.克拉斯纳（Stephen D. Krasner）等为代表的新现实主义学者初步奠定了以"权力分析"为切入点的新现实主义国际机制理论。该理论以"国际机制的根本依据是国际权力结构"为核心假定，[1] 强调国际体系中的权力结构是国际组织建立、维系、崩塌的决定性因素。而国际组织对国际合作的影响是有限的，无法作为促进国际合作的独立要素。[2] 这种国际组织的权力规范模式认为，国际政治本质上是国家间的权力政治，而国际组织实际上是国家权力的延伸，当国家主权受到威胁或国家利益难以维系的时候，国际组织将无法发挥作用。[3] 可以看出，现实主义视野中的政府间国际组织完全是国家权力政治的产物，是体系内大国维系现有国际秩序的重要手段，它们的兴衰也只不过是对大国权力对比状况的反映而已。

三、新自由制度主义理论：附属于国际制度的政府间国际组织

新自由制度主义是20世纪70年代自由主义复兴时期形成的最具影响力的理论之一。20世纪70年代初，布雷顿森林体系瓦解、美元贬值、石油危机等问题使一些学者开始意识到，现实主义主张的以军事力量为核心的硬实力并非在任何情况下都是维护国家利益的最佳方式，国际关系中也不是只有单一的国家发挥作用。[4] 1977年，由罗伯特·基欧汉（Robert Keohane）和约瑟夫·奈（Joseph Nye）出版的《权力与相互依赖》一书系

---

[1] Stephen D. Krasner, "Structural Causes and Regime Consequences: Regimes as Intervening Variables," *International Organization* 36, no.2(1982):185–205.
[2] Robert G. Gilpin, *The Political Economy of International Relations*(New Jersey: Princeton University Press, 1987), p.89.
[3] 肯尼思·华尔兹.《国际政治理论》，信强译，上海人民出版社，2003，第118页。
[4] 秦亚青：《现代国际关系理论的沿革》，《教学与研究》2004年第7期，第58页。

统地质疑新现实主义的基本观点，认为除了国家外，超国家和次国家行为体在国际关系中也具有极大的政治意义。① 该著作为自由主义的复兴埋下了伏笔。到了20世纪80年代，自由主义进入全面复兴时期，并形成了很多流派，如共和自由主义、相互依赖自由主义、制度自由主义等。其中以基欧汉为代表的新自由制度主义是理论性最突出的一个流派。新自由制度主义以国际组织的上位概念"国际制度"为切入点，重新定义了无政府体系、国家利益和国家理性的概念。该理论的内核在于强调国家的利益权衡在国际组织建立和发展中的决定性作用，认为国际社会的无政府状态是一个由先在制度网络构成的有序社会。因此，在国际社会的无政府状态下，国际合作是可以通过包括国际组织在内的国际制度实现的，而建立国际制度的激励因素本质上取决于国家间共享利益的存在。② 新自由制度主义对现实主义的理论突破始于对霸权稳定论的批判，③ 基欧汉在其所著的《霸权之后：世界政治经济中的合作与纷争》一书中将国际制度分为三种形式：国际组织、国际机制与国际惯例，认为国家是国际社会最主要的行为主体，但并非唯一的行为主体。国际制度允许很多非国家行为主体，如国际组织、跨国公司（transnational corporations，TNCs）等参与到国际关系当中。国际秩序的维系不仅要依靠权力，还要依靠制度。国家可以通过国际组织、国际机制等规避现实主义所谓的国家间安全困境（security dilemma）。基欧汉认为，在一个由理性的、利己的个体组成的世界中，个体的决策和行为可能导致集体利益受损等非理性结果，而由国际体系内霸权国家主导的国际制度能够有效地克服个体理性和集体理性的悖论，促进集体利益的实现。④ 虽然国际制度是由霸权国家主导建立起来的，但并不意味着国际制度的维系完全依赖霸权国家的权力。即使霸权国家的权力面临衰落，由它们主导建立起来的国际制度依旧可以维系。

---

① 罗伯特·基欧汉、约瑟夫·奈：《权力与相互依赖》，门洪华译，北京大学出版社，2012，第24-31页。

② Robert O. Keohane, *After Hegemony: Cooperation and Discord in the World Political Economy* (Princeton: Princeton University Press, 1984), p.127.

③ 秦亚青：《现代国际关系理论的沿革》，《教学与研究》2004年第7期，第60页。

④ 苏长和：《解读〈霸权之后〉——基欧汉与国际关系理论中的新自由制度主义》，《美国研究》2001年第1期，第141页。

依据基欧汉的观点，国际制度能够有效地应对在国际社会无政府状态下国家之间的权力斗争和冲突，并且新自由制度主义将政府间国际组织视为国际制度的重要组成部分，成员国通过政府间国际组织的平台能够知晓其他成员国是否有合作的意图和行为，并由此判断是否应该牺牲本国的短期收益（short-term gains）换取与他国合作的长期收益（long-term gains），进而降低成员国之间的合作风险与成本。同时，政府间国际组织能够促进成员国之间的信息共享，并监督各个成员国对它们所订立契约的履行状况。由此可以看出，新自由制度主义理论下，作为国际制度的组成部分，政府间国际组织与其他国际制度类型一样，都发挥着符合国家偏好且有益于国家利益的积极作用，是促进国家间合作并带给成员国长期收益的重要中介机构。新自由制度主义的观点为探讨政府间国际组织的主体身份、历史演进性及超国家属性提供了基础。[①] 但是，新自由制度主义在以国家为中心的分析模式上和新现实主义存在通约化倾向，即在一定程度上承认政府间国际组织作为国际制度的重要组成部分，其产生是基于国家之间的共同利益，其发展在很大程度上也是出于国家之间偏好的变化对政府间国际组织提出的功能性需求。[②]

四、传统国际政治理论的批判性理论对国家与政府间国际组织的互动关系的认知

20世纪中期，尤其是第二次世界大战结束之后，随着国际组织样本的不断丰富和问题领域的逐渐扩展，学界开始注意到政府间国际组织作为国际行为主体，具备一定的自我拓展能力。[③] 到了20世纪末，包括国际货币基金组织、世界贸易组织等在内的主要政府间国际经济组织表现出只关注

---

① 刘莲莲：《国际组织理论：反思与前瞻》，《厦门大学学报（哲学社会科学版）》2017年第5期，第16页。

② 安德鲁·海伍德：《全球政治学》，白云真、罗文静译，中国人民大学出版社，2014，第415页。

③ Ernst B. Haas, "International Integration: The European and the Universal Process," *International Organization* 15, no.3(1961):366–392.

经济目标而忽视环境和社会代价的"单向度治理行为",① 这引发了很多国际关系学者的关注,因为如果按照新自由制度主义的观点,政府间国际组织是促进国际合作、实现国家共同利益的平台,然而一些政府间国际组织在治理行为中所出现的附带损害,显然偏离了成员国的预期。有学者指出,新自由制度主义关注的是国际制度的形成、维系和衰落,并非国际组织本身,因此无法解释国际组织的自主性行为。② 世界是一个不断变化的过程集合体,新现实主义和新自由制度主义过于强调国家对政府间国际组织的单向作用,很少去关注和解释政府间国际组织的自主性是如何产生和变化的。以亚历山大·温特(Alexander Wendt)为代表的建构主义学者开启了国际关系研究的社会化转向,并为用社会学方式解释国际组织的行为奠定了基础。在温特之后,越来越多的建构主义学者将国际组织视作国际关系中的独立主体,不再用国家的利益和偏好来界定和解释政府间国际组织的行为,并开始关注政府间国际组织对国家行为的影响以及对国际规范的倡导作用。例如,20世纪80年代,就有建构主义学者提出,政府间国际组织有自身的特点和生命力,因此如果将组织本身视作重要的研究单位,关注它们的产生和运作,那么国际关系的研究将会得到加强。③

在温特建构主义的启发下,到了20世纪末21世纪初,以迈克尔·巴尼特(Michael Barnett)、玛莎·芬尼莫尔(Martha Finnemore)等为代表的社会制度主义学者尝试运用社会制度主义的研究工具打开国际组织的"黑匣子"。他们将国际组织(包括政府间国际组织)定义为国际官僚(international bureaucrats),强调政府间国际组织与其他官僚组织一样,自建立后就拥有强大的自主性。按照官僚政治理论,任何官僚组织一旦建立,就会面临生存利益和身份认同问题,并且求得生存是官僚组织的最小目标,而扩张组织才是官僚组织的最大目标。这就可以解释为何在现存的国际组织中,几

---

① 刘宏松:《国际组织的自主性行为:两种理论视角及其比较》,《外交评论(外交学院学报)》2006年第3期,第105页。

② 唐纲、韦进深:《国际组织自主性行为研究述评》,《西南石油大学学报(社会科学版)》2012年第1期,第32页。

③ Gayl D. Ness and Steven R. Brechin, "Bridging the Gap: International Organizations as Organizations," International Organizations 42, no.2(1988):245–273.

乎有三分之二是在既有国际组织官僚机构的参与下建立的。① 一些情况下，这些国际组织只是为国家之间就成立新国际组织的磋商提供辅助和支撑；但更多的情况是，这些国际组织直接参与实质性的谈判工作，并将自身对制度设计的需求和意见纳入议程设定。巴尼特和芬尼莫尔在《为世界定规则：全球政治中的国际组织》一书中系统地解释了为什么将国际组织视为官僚机构：第一，能够很好地解释国际组织的自主性来源，以及它们会如何运用这种自主性；第二，可以更好地分析国际组织如何运用它们所拥有的权力，以及这种权力将形成怎样的影响；第三，有利于研究国际组织表现出的一些病态行为、功能紊乱，以及由此造成的负面影响。② 作为官僚机构，政府间国际组织是一个自主的行为主体，它们凭借自身的头衔拥有独立于其他主体的权威。③ 拥有自主性的政府间国际组织不会机械地执行国家交给它们的任务，而是有选择地推行那些符合组织文化和利益偏好的政策。甚至有的时候，为了应对和避免新出现的威胁，政府间国际组织会改变成立之初的使命和现行政策。政府间国际组织占有着优越的信息和物质资源，它们拥有控制信息、解释信息及将信息转化成知识的权力。它们能够改变国家的决策动机，进而管制国家的行为。同时，政府间国际组织有权界定问题领域，设定全球治理议程，并决定谁有权解决问题。在社会制度主义理论框架下，国际社会规范是通过国际组织传输给各个国家的，④ 政府间国际组织在倡导国际规范及建构国家行为等方面发挥着重要作用。可以看出，在承认政府间国际组织是一个独立的行为主体并拥有自己的自主性上，社会建构主义比上述任何理论都更为彻底。但是，拥有自主性和社会性建构权力的国际官僚组织并不总是做出积极、正面的行为。政府间国际组织同

---

① Shanks Cheryl, Harold K. Jacobson and Jeffrey H. Kaplan, "Inertia and Change in the Constellation of International Governmental Organizations, 1981 – 1992," *International Organization* 50, no. 4(1996):593 – 627.

② 薄燕：《作为官僚机构的国际组织——评〈为世界定规则：全球政治中的国际组织〉》，《外交评论（外交学院学报）》2008 年第 3 期，第 106 – 107 页。

③ Michael Barnett and Martha Finnemore, *Rules for the World: International Organizations in Global Politics* (Ithaca and London: Cornell University Press, 2004), p.5.

④ 罗伯特·杰克逊、乔格·索伦森：《国际关系学理论与方法（第四版）》，吴勇、宋德星译，中国人民大学出版社，2012 年，第 150 页。

其他官僚组织一样,有自己内部的一套标准化行为准则,有细化的劳动分工,有属于组织整体和组织内部各个部门、工作人员的差异性利益偏好。国际组织固有的规则和文化限制着它们的视野,而组织整体和内部之间的利益博弈则会影响政府间国际组织的效率和功能,导致病态行为和功能紊乱。

五、国际关系合法性研究对国家与政府间国际组织的互动关系的认知

作为国际法和国际政治的交叉研究议题,国际关系合法性的一个重要内容就是国家与国际组织的互动关系研究,认为国际组织是国家实现和践行合法性的重要途径。"合法性"是法国大革命之后新政治词汇中的核心术语之一。① 马克斯·韦伯(Max Weber)从经验主义的角度定义合法性,认为合法性是一种促进人民服从命令的动机。② 约翰·博德利·罗尔斯(John Bordley Rawls)在其《正义论》中尝试从制度规范的角度定义合法性,认为"正义"是合法性的核心,任何法律或制度,无论它们多么有效,一旦它们不正义,就必须加以改造或者废除。③ 此后,尤尔根·哈贝马斯(Jürgen Habermas)总结了经验主义和规范主义两个视角的定义,重建了合法性的概念,指出一个合法性的秩序是符合价值规范并被认可和支持的秩序。④

在国际关系领域,国际关系的合法性是国际政治学与国际法学跨学科合作的重要议题。芬尼莫尔等学者在研究国际法和国际政治的关系时曾指出,国际关系的合法性取决于它本身的特性及来自外部的承认。⑤ 在国际社

---

① Melvin Richter, "Toward a Concept of Political Illegitimacy: Bonapartist Dictatorship and Democratic Legitimacy," *Political Theory* 10, no.2(1982):185 – 214.
② 马克斯·韦伯:《经济与社会(第一卷)》,阎克文译,上海人民出版社,2010,第241页。
③ 约翰·罗尔斯:《正义论》,何怀宏、何包钢、廖申白译,中国社会科学出版社,1988,第1页。
④ 尤尔根·哈贝马斯:《合法化危机》,刘北成、曹卫东译,上海人民出版社,2019,第184页。
⑤ Martha Finnemore and Stephen J. Toope, "Alternatives to 'Legalization': Richer Views of Law and Politics," *International Organization* 55, no.3(2001):743 – 758.

导　论　国家与政府间国际组织互动的逻辑、特征、方式和结果到底是什么

会中，国家权力的实施存在合法性的问题，它们在国际层面实施权力都需要受到一定的约束和限制，并获得其他国家或国际社会的认可。国际社会对合法性的要求要比国内社会更高，因为在国际社会中，任何行为主体都需要满足内在合法性和外在合法性的双重标准。一个国家的对外行为既需要满足国内的合法性要求，又需要契合其他国家的价值取向，赢得国际合法性。[①] 因此，国家在国际社会行使权力的合法化过程就是实现权威的过程，而权威则意味着领导和自愿服从关系。合法性为权力关系中的服从和合作提供了道德基础。合法性权力是一种主动的、非强制性的同意性权力。一个拥有合法性权力的国家具有合法性权威，它们所提出的要求往往会使其他国家自愿服从。因此，合法性程度越高，权力运作的效果就越强，合作的程度就会提高。在当今国际关系的实践中，国家通过政府间国际组织实施间接战略，获取合法性和国际支持的例子比比皆是，因为政府间国际组织所具有的程序性正义及合法性权威更容易得到国际社会的认可。因此，国际关系合法性理论视角下的政府间国际组织是国家获得对外战略合法性的主要制度途径。此外，从国家利益的角度出发，通过授权政府间国际组织行使合法性权力要比行使强制性权力耗费较低成本，强制性权力需要靠武力维系，维系的成本是高昂的，且一旦强制不足就很可能会迅速崩盘。[②] 将一定的权力让渡给政府间国际组织虽然有时也需要付出巨大成本，但是这些成本与拥有合法性权力之后所获的收益相比是值得的。正如罗伯特·W. 考克斯（Robert W. Cox）在有关霸权权力的研究中指出的：制度或许会成为霸权战略的依靠，因为制度不仅有助于代表不同的利益，还能够促进政策的普遍性。更关键的是，制度更符合国家战略的"成本—收益"考量。[③] 因此，对于霸权国家来讲，实现权力的合法化可以维护霸权地位。如果无法实现充足的合法化，霸权国家会通过包括政府间国际组织在内的国

[①] Martha Finnemore, "Legitimacy, Hypocrisy, and the Social Structure of Unipolarity," *World Politics* 61, no. 1 (2009): 58–85.

[②] Robert W. Jackman, *Power without Force: The Political Capacity of Nation-States* (Ann Arbor: The University of Michigan Press, 1993), p. 96.

[③] 罗伯特·W. 考克斯：《社会力量、国家与世界秩序：超越国际关系理论》，载罗伯特·基欧汉主编《新现实主义及其批判》，郭树勇译，北京大学出版社，2002，第203页。

际制度，辅助权力合法化的实现。①

2000年，《国际组织》杂志专门设置了"国际组织与合法化"特辑，包括基欧汉等在内的制度主义、自由主义学者共同对国际关系的合法化问题展开讨论。② 其中，基欧汉、戈德斯坦等学者在文章中指出，国际制度并非生来就具备合法性，国际关系的制度化趋势并非带来的都是积极正面的效果。国际制度与国际制度之间在同一治理领域的相互竞争也会带来负面效果。在此基础上，他们提出"国际授权"（international delegation）的概念，认为国家是否将部分解释、监督和执行的功能授权给具备合法性和中立性的第三方行为主体，如政府间国际组织，来解释、执行规则、解决纠纷等，③ 是判断国家行为是否合法的标准之一（其他的两个标准分别是：国际组织所代表的国际制度是否被认可和遵守，完全具备合法性的国际制度能够通过规则、程序等约束国家在国内、国际法框架下的行为；国际制度的具体规则是否精确，具备合法性的国际制度应当通过高度精确的规则表述它们的要求和职权）。

六、上述相关研究对国家与政府间国际组织的互动关系解释力的不足

就传统国际政治理论对国家与政府间国际组织的互动关系的解释力而言，理想主义在论述实现国际安全和合作的手段和方式上过度依赖人类的理性和规范的力量，同时轻视权力在国际关系中的作用。这种脱离现实的乌托邦式设想无法真正适应客观现实的需要，这一点通过国际联盟从创立到失败的整个过程就可以看出。以美、英为代表的主要战胜国都希望将本国利益体现在国际联盟盟约当中，使得承载着理想主义集体安全目标的国际联盟最终成为各战胜国利益博弈的产物，这与理想主义关于国际组织的构想相去甚远。此外，国际联盟在维护集体安全机制上的巨大漏洞及决策

---

① 周丕启：《合法性与大战略——北约体系内美国的霸权护持》，北京大学出版社，2005，第94页。

② 王明国：《国际授权与国际合作——国际关系学与国际法学关联研究的新探索》，《国际政治科学》2012年第1期，第112页。

③ Judith Goldstein, Miles Kahler, Robert O. Keohane and Anne-Marie Slaughter, "Introduction: Legalization and World Politics," *International Organization* 54, no. 3 (2000): 385–399.

机制上的重大缺陷等问题，使其随着第二次世界大战的爆发而宣告破产。现实主义和自由主义在国际政治理论的争辩中长期占据主导地位，但是很多学者认为，这两种理论均不能很好地解释政府间国际组织与国家互动中的很多重要特征、行为和影响，这对于现实主义和自由主义来说都是十分尖锐的批判。对于很多现实主义者来说，他们并不认为政府间国际组织值得解释，现实主义完全坚持国家中心主义的本体论，只关注国家尤其是大国的行为，认为理解国际政治只需要知道大国的数量，以及它们之间的权力结构。现实主义者眼中的政府间国际组织本质上不过是国家之间达成的一种国际共识，甚至有的学者提出，政府间国际组织是不可能拥有自主性的，因为这会将成员国的利益置于风险当中。也就是说，现实主义者在他们各自的理论模型中并没有为政府间国际组织留下一席之地。国际关系的结果完全取决于国家的利益和权力，而政府间国际组织不是国家交往的重要领域，也不是国际关系的独立参与者，当然也不可能成为解释国际关系的独立变量。新自由制度主义关于国家与政府间国际组织互动关系的认知相对于现实主义更积极一些，因为新自由主义理论中的国家中心主义没有现实主义那么绝对。新自由主义强调国际制度在特定国际政治领域的治理作用，并认为国际制度的存在为所有国家和非国家行为主体提供了参与国际政治的空间。但是新自由主义者成功地继承了新现实主义的经验主义和分析主义路径，在本体论上和现实主义几乎相同。新自由主义者坚持国家是国际政治的主要参与者，并且国家关心的仍是无政府状态下的生存。新现实主义和新自由主义之间最大的区别其实是来自对信息在国际政治中作用的假设。新现实主义认为国际社会中的信息总是稀缺和不可靠的，因此规避风险的国家会对邻国做出最坏的假设，由此造成安全困境。但对于新自由主义者来说，国际体系中的信息质量差异很大，随着信息数量的增加和质量的提高，合作的前景也在改善。至关重要的是，政府间国际组织能够帮助国家收集和共享重要信息。因此，对于新自由制度主义来讲，政府间国际组织对国际关系产生作用，但是其作用只表现在结构性约束国家的行为之上，其本身并不能作为独立的变量。因此，新自由主义者在很大程度上认同现实主义的本体论，他们没有充分考虑如何将政府间国际组织视为国家的代理人，或者是拥有独立主体地位的行为体（尽管是次要的参与者）。① 新自由主义的这种缺陷是十分讽刺的，因为从逻辑上看，基欧汉在1984年其实就开始尝试借鉴经济学的企业理论，并将其用于解释政府间国际组织的某些特征，且注意到了政府间国际组织是如何解决国家合作的信息不对称、交易成本和产权缺失等问题的，② 但是却没有更进一步地建构起解释国家与政府间国际组织关系的科学研究纲领。实际上，新自由主义过度追求与新现实主义论战的目标限制了新自由制度主义理论发展的深度，其过于强调制度对权力的替代作用，专注于分析国际组织、国际法等国际制度内容的共性，而忽视国际组织作为独立国际主体与国家之间的关系特性。

作为传统国际组织研究的批判性理论，建构主义从国家与政府间国际组织相互建构的角度出发，为政府间国际组织研究提出了新的命题。建构主义在对理性主义的批判和反思中逐渐成长为主流国际关系理论之一，它跳出了传统国际政治理论的无政府逻辑，关注国际体系的社会属性，并创设性地提出无政府状态是可以被改变的观点。但是建构主义为了保障其理论的连贯性，刻意忽视了体系进化中的一些关键变量，如国内因素和国际组织等制度要素。在社会建构主义的启发下，社会制度主义虽然尝试建立真正的"国际组织中心主义"理论，充分肯定政府间国际组织的独立身份，为认识政府间国际组织的自主性提供更加广阔的视野，但是这些学者过于强调政府间国际组织内部科层文化对其行为的影响，以及政府间国际组织对外部环境的影响和塑造，反而忽视了其与成员国之间的互动关系。实际上，对于政府间国际组织来说，成员国掌握着他们的预算和拨款、组织内部工作人员的选拔和晋升、组织章程的制定和修改等关键控制机制。③ 如果按照社会制度主义的观点，政府间国际组织会受官僚体系内部科层文化的影

---

① Robert Axelrod and Robert O. Keohane, "Achieving Cooperation under Anarchy: Strategies and Institutions," *World Politics* 38, no.1(1985): 226 – 254.

② Robert O. Keohane, *After Hegemony: Cooperation and Discord in the World Political Economy* (New Jersey: Princeton University Press, 1984), pp.269 – 300.

③ 刘宏松：《国际组织的自主性行为：两种理论视角及其比较》，《外交评论（外交学院学报）》2006年第3期，第110页。

响，表现出负面病态行为，对成员国和其他国际社会的治理受众的利益产生直接或间接的消极影响；那么，在这种情况下，成员国和其他国家将如何对政府间国际组织施加控制？而政府间国际组织又将如何应对外部压力（尤其是成员国政府）和内部行为动力的紧张关系，进而改变自身行为和偏好？对于这些关键性的问题，社会制度主义都没有做出令人满意的回答。

国际关系的合法性理论在一定程度上跳脱了国际政治理论的体系框架，从国际法学科领域将制度与合法性作为连接国家与政府间国际组织的互动关系的桥梁。但是这一视角在很大程度上存在与传统国际政治理论相似的缺陷，只是将政府间国际组织当作国家获取与践行国际合法性的一种途径。此外，国际关系合法性研究并没有形成一个专注于国家与政府间国际组织的互动关系的知识体系，它更像是一种观点的创新和尝试。至于观点本身的科学性和逻辑性，仍需要后续的研究予以补充和丰富。

第四节　理论基础与研究进展

本项研究的基础理论是源于经济学的"委托-代理"理论。该理论于20世纪70年代产生于制度经济学领域，最初是一个用于研究企业内部问题的理论。"委托-代理"理论以西方经济学关于理性经济人的假定为核心，认为委托人和代理人之间的互动关系是一个在双方信息不对称的环境中，借助授权契约的形式所展开的理性利益交错过程。委托人追求利益最大化的方式是控制代理人，而代理人追求利益最大化的方式则是摆脱委托人的控制。双方的互动结果受到委托人控制机制的有效性及代理人自主性程度两个主要变量相互作用的影响。"委托-代理"理论在经济学研究中发展起来之后，逐渐被应用到政治学科领域，成为分析政府信用、政治交易等问题的主要理论工具，很好地解释了一国政治的制度选择和制度设计问题。政治学科领域的"委托-代理"理论的成功运用给研究国际组织问题的学者提供了重要启发，很多遵循理性主义研究路径的学者认为可以借鉴政治学科领域的"委托-代理"理论来解释政府间国际组织在成立之后背离成员国偏好的现象。

早期将政府间国际组织视为国家代理人的研究主要是从新自由制度主义阵营中分化出来的。这些学者认为，国家授权政府间国际组织作为代理人，本质上是希望通过政府间国际组织就特定公共政策实现国际合作。政府间国际组织能够满足成员国利益的功能需求，例如，有助于管理国家政策的外部性，增强国家间集体决策和承诺的可信度，减少国家间的分歧并降低合作成本等。① "委托-代理"理论正式被用于分析国际组织问题开始于20世纪90年代末，当时运用理性选择制度主义（rational choice institutionalism）研究欧盟问题是主流趋势。而此后的很多学者如杰弗里·加勒特（Geoffrey Garrett）、巴里·温加斯特（Barry Weingast）等在关于欧盟的相关研究中，都借鉴了"委托-代理"理论的视角，将欧盟视为成员国的代理人。② 1997年，马克·A. 波拉克（Mark A. Pollack）运用"委托-代理"理论解释了超国家制度是否能够作为分析欧盟政策的独立因果变量，以及欧盟是否始终处于成员国的控制之下等问题。③ 这一成果在学界引起很大反响。波拉克认为，在此之前，以新功能主义理论为主要代表的研究成果虽然也尝试对上述问题进行回答，但均没有形成可证伪的假定。于是，他借鉴"委托-代理"理论研究工具提出了以欧盟为代表的超国家制度拥有授权性权威和一定的自主性，并可以对成员国的政府施加一定影响等观点。波拉克认为政府间国际组织的自主性主要取决于作为委托人的成员国及其所确立的控制机制的有效性，这种有效性又受到一些主要因素的影响而有所差异，进而使不同政府间国际组织与国家的互动关系有所不同。

在波拉克之后，越来越多的学者开始借鉴"委托-代理"理论对国际组

---

① Darren G. Hawkins, David A. Lake, Daniel L. Nielson and Michael J. Tierney, "Delegation under Anarchy: States, International Organizations, and Principal-Agent Theory," in *Delegation and Agency in International Organizations*. ed. Darren G. Hawkins, David A. Lake, Daniel L. Nielson and Michael J. Tierney (New York: Cambridge University Press, 2006): pp. 13 – 20.

② Garrett Geoffrey and Barry Weingast, "Ideas, Interests, and Institutions: Constructing the European Community's Internal Market", in *Ideas and Foreign Policy*, ed. Judith Goldstein and Robert O. Keohane (Ithaca and London: Cornell University Press, 1993): pp. 173 – 206.

③ Mark A. Pollack, "Delegation, Agency and Agenda Setting in the European Community," *International Organization* 51, no. 1 (1997): 99 – 134.

织的相关议题进行研究，运用该理论分析国家授权国际组织的原因、授权的模式，以及被授权国际组织的自主性行为等。例如，2002年以戴伦·G.霍金斯（Darren G. Hawkins）、丹尼尔·L. 尼尔森（Daniel L. Nielson）为代表的学者专门在美国犹他州召开了以"对国际组织的授权"为主题的会议。在此次会议的基础上，由霍金斯、尼尔森及其他两位学者大卫·L. 莱克（David A. Lake）和迈克尔·J. 蒂尔尼（Michael J. Tierney）主编并出版了运用"委托-代理"理论研究国家授权国际组织问题的著作，引起了巨大反响。近年来，中国研究国际组织的学者们也在运用"委托-代理"理论分析国际组织相关议题上取得诸多建设性成果。例如，刘宏松教授在其关于国际组织自主性的一项研究成果中指出：国家赋予国际组织一定的自由裁量权是国家获得授权收益的基本条件，但是国际组织拥有独立的利益偏好，它们会利用这种授权为组织自身的利益服务。尽管成员国会对国际组织施加各种控制，但这些控制机制受到控制成本和成员国之间偏好异质性的影响，常常难以完全奏效。①

总而言之，"委托-代理"理论已经成为分析国际组织及国家与国际组织关系等问题的一种新的政治方法，被广泛运用到国内外相关议题的研究中。

第五节 研究设计

肯尼思·华尔兹曾指出，理论是头脑中形成的关于特定有限领域的图画，而理论创新的首要工作是界定和缩小理论所要解释的范围。总结传统国际政治理论、批判性国际政治理论等研究单位关于国家与政府间国际组织的互动关系问题的观点，主要可以归纳出两条逻辑主线：一条侧重于围绕"国家中心主义"展开，强调国家对政府间国际组织的主导性，其研究任务主要在于对国家行为逻辑和国家间关系的解释，因而在对政府间国际

---

① 刘宏松：《国际组织的自主性行为：两种理论视角及其比较》，《外交评论（外交学院学报）》2006年第3期，第107页。

组织本身的特性和行为逻辑方面的关注度很低,如结构现实主义和新自由制度主义。虽然这些理论也尝试扩大和补充对政府间国际组织的解释,但是正如霍奇逊所说的那样,一个理论试图解释的领域越大,对于某个特定议题的解释力就越低。① 另一条侧重于围绕"国际组织中心主义"展开,强调政府间国际组织对国家行为的制约和塑造,以及对国际规范的倡导作用。其研究任务更倾向于前瞻性地建构一个立足于国际组织本身独立问题领域,以国际组织的行为和特征为基本变量的国际组织理论,如社会制度主义学说。然而,这些理论和学说基于其研究的任务和目的,常常又会刻意忽视国家对政府间国际组织的影响。总而言之,国家与政府间国际组织的互动关系在实践中所遇到的缓慢且深刻的变革反映出既有研究的解释罅隙和逻辑缺陷。而应对这种实践和知识向度的"问题性",当务之急是寻找一个真正立足于互动关系的理论体系或分析框架。因此,本项研究在制度经济学理论中找到灵感,以"委托-代理"理论为基础,尝试发掘并建构国家与政府间国际组织的互动关系的另一种分析逻辑与框架。

本书按照伊姆雷·拉卡托斯(Imre Lakatos)提出的"科学研究纲领方法论"(The Methodology of Scientific Research Programmes,MSRP)作为贯穿全文的逻辑路径之一,主要是基于这样的前提:任何科学的研究纲领都是围绕一系列不变的核心假定展开的,只不过对于所有知识体系来说,反常是一直存在的。如果新的研究领域随着实践的发展逐渐呈现出原本的研究框架难以解释的理论和经验反常,那么将这些反常通过"问题转换"纳入既有的研究纲领,重构和丰富研究框架以保障理论与问题领域之间的协调性,就需要从技术层面上对纲领的辅助性假定进行创新。基于这一逻辑,本书遵循"委托-代理"研究纲领对国家与政府间国际组织的互动关系的核心假定,即国家与政府间国际组织均为理性、自利的主体,且两者之间存在着信息不对称。这是国家与政府间国际组织的互动关系分析的逻辑起点。至于国家和政府间国际组织为什么是理性且自利的主体,以及为何它们之

---

① 杰弗里·M.霍奇逊:《经济学是如何忘记历史的:社会科学中的历史特性问题》,高伟、马宵鹏、于宛艳译,中国人民大学出版社,2008,第3页。

间存在着信息不对称,本项研究将不予展开。在坚持核心假定的基础上,"委托-代理"研究纲领在研究国家与政府间国际组织的互动关系的过程中经历了内部"保护带"的调整和变化,并且不同的辅助性假定之间体现出稳定性和继承性,在逻辑上体现出某种程度的协调和统一。所以,本项研究遵循一种"正面启发法",以及拓展纲领"可反驳变体"(保护带)的"消化反常"思路,① 在继承和发展传统"委托-代理"研究纲领的基础上,有针对性地在"委托-代理"研究纲领下设计出国家与政府间国际组织的互动关系的分析框架。

需要说明的是,从研究的科学性出发,限缩和界定所要解释的"问题领域"是一项研究最初且首要的工作。本项研究将研究对象——国家与政府间国际组织的互动关系限定在"委托-代理"理论范畴当中,着眼于分析国家通过授权与政府间国际组织所建立起的"委托-代理"关系这一有限领域的互动图画,简单来说,就是成员国与其所在的政府间国际组织之间的互动关系。这种设定意味着本项研究并不试图在更加宏观的层面解释国家(包括政府间国际组织的非成员国)与政府间国际组织之间超出授权关系的所有关系形态。但是实际上,在当今的国际社会中,几乎所有的主权国家都加入了一个或一个以上的政府间国际组织,成为特定政府间国际组织的成员国。从这一层面上来看,运用"委托-代理"理论分析国家与政府间国际组织之间基于授权产生的互动关系又具有一定的普遍适用性。

具体而言,除导论外,本书的主体共分为五个章节,具体篇章安排如下。

第一章主要介绍作为本项研究理论基础的"委托-代理"理论,提出后续论文的理论视角和整体的逻辑脉络。借鉴拉卡托斯的"科学研究纲领方法论"建立起"委托-代理"的知识结构,提炼出"委托-代理"理论的核心假定、辅助性假定与研究结构,并对"委托-代理"研究纲领本身的成长及其在政治学和国际组织研究中的运用状况进行概括和说明。

---

① 伊姆雷·拉卡托斯:《科学研究纲领方法论》,兰征译,上海译文出版社,2005,第153页。

第二章讨论国家与政府间国际组织的互动关系的构成要件。本章正式运用"委托-代理"研究纲领建构国家与政府间国际组织的互动关系的"委托-代理"关系模型，将政府间国际组织的成员国视为委托人，将政府间国际组织视为成员国为实现一定目的所授权的代理人，将国家对政府间国际组织的授权视为链接国家委托人和政府间国际组织代理人的纽带，并对上述三个构成要件分别进行详细的介绍。

第三章讨论"委托-代理"理论下国家与政府间国际组织的互动关系的核心假定与辅助性假定。首先，确定"委托-代理"理论关于国家与政府间国际组织的互动关系的三个核心假定。其次，围绕"委托-代理"理论下国家与政府间国际组织互动的两个核心问题建立相应的辅助性假定。最后，从知识成长层面针对"委托-代理"理论在解释国家与政府间国际组织的互动关系过程中所经历的理论和经验"反常"，对传统的辅助性假定进行调整和创新，概括出"委托-代理"理论在解释国家与政府间国际组织的互动关系方面的特征。

第四章分析并总结"委托-代理"理论下国家与政府间国际组织的互动方式。这一章的主要观点如下：从国家的角度来讲，为了尽可能减少在信息不对称环境中政府间国际组织的代理懈怠，最大程度地实现国家通过授权所获得的收益，国家会设计各种各样的控制机制，如"甄选机制""监督与报告机制""制衡与奖惩机制"等来管控政府间国际组织的行为。政府间国际组织为了争取更多的自主性空间，则会通过各种各样的对冲政策减少国家控制机制所带来的约束。而国家与政府间国际组织之间的信息不对称以及成员国内部的偏好异质性等问题也为政府间国际组织制定和实施相关的对冲策略提供了可能。

第五章列举了"北大西洋公约组织""国际货币基金组织""世界卫生组织"等具体案例，在此基础上分析了近年来中国参与政府间国际组织的进展，并指出国家与政府间国际组织互动的可能结果。由于"委托-代理"理论下国家与政府间国际组织的互动方式及其效果千差万别，国家与政府间国际组织的互动关系呈现变化性与差异性。当国家对政府间国际组织的控制机制严格且有效时，政府间国际组织将享有较小的自主性空间和较弱的自主能力。而当国家对政府间国际组织依赖程度较高，且政府间国际组织制定了有效的对冲策略时，政府间国际组织就会有更大的自主性空间。

第一章

认识"委托-代理"理论：基于拉卡托斯的科学研究纲领方法论

第一章 认识"委托-代理"理论:基于拉卡托斯的科学研究纲领方法论

"委托-代理"理论是 20 世纪契约理论的重要发展成果之一,是研究各种契约关系问题的主流分析框架。该理论在经济学中的发展,以及在其他学科中的不断运用和检验中逐渐形成了系统化、结构化的知识体系。按照拉卡托斯的科学研究纲领方法论的标准,"委托-代理"理论本身具有超余的经验内容,并且能够通过进步的问题转换,应对理论和经验上的反常,是一个稳定且具备继承性的科学研究纲领。在国际组织的研究中,"委托-代理"理论与社会制度主义理论被认为是分析国际组织自主性的两个重要理论,相比于社会制度主义,"委托-代理"视角更侧重研究国家和国际组织之间的互动关系,[①] 且能够在理性主义的基础上构建起逻辑自洽的可证伪假设。本章将借鉴拉卡托斯的科学研究纲领方法论,对"委托-代理"理论的基本假定、研究框架、科学成长等问题进行分析,概述该理论被应用到国家与国际组织关系研究中的大致过程,为后续研究的展开做理论铺垫。

第一节 拉卡托斯的科学研究纲领方法论

任何知识的生产和理论的建构都有自身特有的、与其他知识体系不可通约的特征。[②] 经济学家马克·布劳格(Mark Blaug)认为,一个理论区别于其他理论的关键,不是它的研究对象,而是它的研究方法。[③] 正如卡尔·波普尔(Karl Popper)所说的那样:如果将知识看成蜘蛛网,那么我们不仅要研究蜘蛛织网的行为,还要研究蜘蛛网本身,包括它化学的、几何的、物理的性质,这就是科学理论的结构问题,[④] 或者说是一种方法论问题,即对特定理论的概念、基本原理和研究步骤的分析。

[①] 张建宏、郑义炜:《国际组织研究中的委托代理理论初探》,《外交评论(外交学院学报)》2013 年第 4 期,第 143 页。
[②] 托马斯·库恩:《科学革命的结构》,金吾伦、胡新和译,北京大学出版社,2003,第 32 页。
[③] 马克·布劳格:《经济学方法论》,石士钧译,商务印书馆,1992,第 23 页。
[④] 卡尔·波普尔:《客观知识:一个进化论的研究》,舒炜光、卓如飞、周柏乔,等译,上海译文出版社,2015,第 121–122 页。

一、拉卡托斯的科学研究纲领方法论的产生背景

艾伦·查尔默斯（Alan Chalmers）认为，在西方科学哲学发展的历史中，对科学知识进行评估涉及两个核心命题：一个是如何区分科学和非科学的"科学区分"问题；另一个则是科学知识是以何种模式发展的"科学成长"问题。① 波普尔认为，客观知识是一种科学理论结构，他坚持朴素证伪主义（naive falsificationism）的观点，认为应当将理论的"可证伪性"作为划分科学与非科学的标准，而科学知识的成长是一个"假说—证伪—新的假说"的过程，是在"试错机制"下完成的。任何理论本质上都只是暂时的、初步的猜想，必须经受严格的检验，一旦被证伪，就应当被排除。不论是科学理论还是非科学理论，其数学概率都为零，只要出现"反证"就可予以推翻。托马斯·库恩（Thomas Kuhn）和伊姆雷·拉卡托斯均不认同波普尔"判决性实验"的证伪立场，指出该观点忽视了科学理论的韧性和持续性，科学家们不会因为出现了与理论相悖的事实，就否定或放弃他们的理论，② 并在此基础上分别提出了他们自己的科学结构观。库恩的"范式"科学哲学模型概念在国际关系研究中的运用最为常见。库恩将知识结构的核心抽象为"范式"，以此来界定研究的问题领域和研究标准，并认为"范式"是可以出错的。在"范式"主导下的科学发展过程是一个"范式建立—范式危机—范式替代"的科学革命过程。"范式"建立之后，在常规科学阶段会面临一系列具有挑战性的"反常"，逐渐使科学家对理论的有效性产生怀疑，导致"范式"危机的出现，最终出现新的科学革命，新的"范式"取代旧的"范式"，而新旧"范式"之间是完全不相容的。③ 库恩关于科学理论研究的"范式"结构观虽然在很大程度上保障了科学的韧性和持续性，但是其过于强调科学家的个人因素和社会因素对知识成长的

---

① A. F. 查尔默斯：《科学究竟是什么？——对科学的性质和地位及其方法的评价》，查汝强、江枫、邱仁宗译，商务印书馆，1982，第53页。

② 杨波、王学东：《论拉卡托斯的科学研究纲领》，《西南科技大学学报（哲学社会科学版）》2009年第5期，第81页。

③ 托马斯·库恩：《科学革命的结构》，金吾伦、胡新和译，北京大学出版社，2003，第85页。

作用，认为在"范式"的竞争中，哪一种"范式"更好完全是由学术共同体中科学家的主观因素决定的，而这些因素的非理性和不可证伪性使人们很难得出界定科学与非科学的清晰、客观的标准，并且库恩的"范式"竞争观倾向于从常规科学到科学革命的历史主义，忽视了不同知识结构之间相互调和、继承和发展的可能性。在库恩之后，拉卡托斯批判吸收了波普尔和库恩的思想，在"精致证伪主义"（sophisticated falsificationism）的基础上提出了科学研究纲领方法论。拉卡托斯认为，科学知识的成长过程的确存在对原始猜想的扬弃，但这种扬弃不一定要全盘驳倒一个理论，研究纲领有可能被另一个研究纲领所取代，但如果它能够通过进步的问题转换适应新的事实，则可以避免被取代，进而实现研究纲领本身的进化。

二、拉卡托斯的科学研究纲领方法论的主要内涵

拉卡托斯的科学研究纲领方法论的核心是"研究纲领"。"研究纲领"由一个不可变的"硬核"和一个可变的保护带组成，如图1-1所示。

图1-1 研究纲领的组成

"硬核"是一个研究纲领的核心基础，是能够预见新颖事实和辅助性假定的具有启发力的理论预设。围绕"硬核"的是一个由一系列辅助性假定和理论组成的"保护带"。任何研究纲领遇到"反常"（也可以称作"反证"）时，"保护带"会首先接受检验并进行适当的修正和调整，以避免任何经验反驳的矛头指向"硬核"，因为一旦"硬核"遭到否定，那么整个研究纲领就会被推翻。① 科学研究纲领的支持者在研究过程中受到两种方法的规范，即"正面启发"（positive heuristic）和"反面启发"（negative heuristic），统称为"启发力原则"。"正面启发"是一种预见及消化"反常"的策略，为研究者的研究方向、步骤及如何改变、发展和完善"可反驳"的"保护带"等问题提供一种积极性的建议或暗示。②"正面启发"是主动的、先于"反常"的，它能够预见到未来可能出现的难以应对的事实，使研究者避免在遇到"反常"时不知所措，并成功将"反常"转变为支持研究纲领的例证。"反面启发"是一种禁止研究者质疑或否定研究纲领"硬核"的消极性诱导，它指明研究纲领的"硬核"，要求科学家们充分运用智慧和创造力，从方法论上维护"硬核"的不可反驳性。所有的"反常"只能够引起"保护带"的修正和变化，通过在"保护带"中增加可靠的经验内容，促进理论实现进步的问题转换（intra-program problem shifts）。关于如何回答科学知识研究的两个核心问题（科学区分问题与科学成长问题），拉卡托斯认为，一方面，科学的研究纲领应当符合"理论进步"、"经验进步"和"符合启发法"三个标准。"理论进步"指的是一个科学的研究纲领应当具有预见性和启发力，对预测新颖事实有超余经验内容；"经验进步"意味着研究纲领对新颖事实的预见在未来确实得到了验证；③"符合启发法"则是指研究纲领在预见、验证新颖事实，修改纲领"保护带"以实现内部进步的问题转换时，应当符合"正面启发"法和"反面启发"法。当研究纲领之间进行外部问题转换时，则应当与"反面启发"法相悖。④ 另一方面，拉卡托斯认为科学研究纲领的成长不是一个相互取代和不断弃否的过程，而是一个严谨、动态和理性的过程，是不同理论之间彼此竞争、相互完善和修正的过程。在这一过程中，一个研究纲领可以是进步的、退步的或可被取代的。具体来讲，如果研究纲领能够不断地通过成功

---

① 刘丰：《从范式到研究纲领：国际关系理论的结构问题》，《欧洲研究》2006 年第 5 期，第 58 页。
② 伊姆雷·拉卡托斯：《科学研究纲领方法论》，兰征译，上海译文出版社，2005，第 69 页。
③ 伊姆雷·拉卡托斯：《科学研究纲领方法论》，兰征译，上海译文出版社，2005，第 47 页。
④ Colin Elman and Miriam Fendius Elman, "How Not to Be Lakatos Intolerant: Appraising Progress in IR Research," *International Study Quarterly* 46, no. 2 (2002): 231 – 262.

的内部问题转换使理论增长预见经验增长，那么它就是进步的。① 如果理论增长总是滞后于经验增长，只能通过退后的问题转换被动地对新颖事实进行说明，那么它就是退步的。

三、拉卡托斯的科学研究纲领方法论的适用

拉卡托斯的科学研究纲领方法论提供了一种分析和评价特定理论的启发性规则，那么，其作为一种方法论，应如何在具体研究中予以适用呢？针对科学研究纲领的适用性问题，很多学者倾向于将拉卡托斯的科学研究纲领适用于范围较大的理论系列。拉卡托斯在论证"正面启发"法和"反面启发"法的时候就以牛顿理论为例，指出牛顿引力理论是有史以来最成功的一个研究纲领。支持牛顿引力理论的研究者们通过惊人的创造力将反对牛顿引力理论的"反常"成功转化为新的可证实事例。又如，国内学者符正平运用科学研究纲领方法论考察西方企业理论的演进，并将其概括为三大科学研究纲领，即新古典研究纲领、行为学派研究纲领和新制度研究纲领。② 但实际上，科学研究纲领方法论的特征更加适用于分析和评价较小范围的理论系列，因为它要求一组理论之间必须有共同的"硬核"，也就是说各个理论之间的相互联系必须是十分紧凑的。例如，20世纪90年代以后，不同国际关系理论流派的学者们都希望借助合理的理论评价工具应对各种质疑和挑战，建构更加精简、明确且可证伪的理论。1997年，约翰·瓦斯克斯（John Vasquez）就运用拉卡托斯的科学研究纲领方法论分析了现实主义研究纲领。③ 国内学者门洪华教授则运用这一方法论尝试建构新自由制度主义的科学研究纲领。④ 除此之外，还有学者运用科学研究纲领方法论分析更加具体的理论。例如，大卫·L. 莱克借助该科学研究纲领方法论分

---

① 伊姆雷·拉卡托斯:《科学研究纲领方法论》，兰征译，上海译文出版社，2005，第47页。
② 符正平:《西方企业理论研究中的三大科学研究纲领》，《经济学动态》1998年第3期，第55－58页。
③ John A. Vasquez, "The Realist Paradigm and Degenerative versus Progressive Research Programs: An Appraisal of Neotraditional Research on Waltz's Balancing Proposition", *The American Political Science Review* 91, no.4(1997): 899－912.
④ 门洪华:《建构新自由制度主义的研究纲领——关于〈权力与相互依赖〉的一种解读》，《美国研究》2002年第4期，第111－122页。

析了霸权稳定论,认为霸权稳定论是国际政治经济学中的新研究纲领。①

综上可以看出,将拉卡托斯的科学研究纲领方法论运用于分析"委托-代理"理论这样的具体理论是可行的。

第二节 "委托-代理"理论作为一种研究纲领

"委托-代理"理论最初是 20 世纪 70 年代产生于制度经济学领域的一个用于研究企业内部问题的代表性理论,② 随后逐渐发展成为分析各种契约关系的主流理论框架,被广泛运用在法学、政治学、国际关系学等学科当中。在海内外国际组织的既有研究成果中,运用"委托-代理"理论视角分析国家与政府间国际组织的关系已不是新鲜事,但鲜有成果关注"委托-代理"理论的知识结构到底是什么。因此,为了整体、系统地认识和把握"委托-代理"理论,本节将对该理论是如何产生的,以及其理论本身的科学结构问题进行说明。

一、"委托-代理"理论建构研究纲领的早期探索

"委托-代理"理论源于对企业内部委托代理关系的研究。经济学领域"委托-代理"关系的出现可以追溯到 16 世纪:地理大发现后,在迅速扩张的国际贸易环境中,政府需要把地区贸易交给更加高效率的大型商业组织来经营,特许公司应运而生。为了筹集资金,一些特许公司需要扩大投资主体,除商人外的任何主体都可以通过入股的方式成为股东,这便是早期股份制公司的雏形,其中最具代表性的就是东印度公司。在早期股份制公司中,因为股东众多而无法对公司进行直接的管理,所以必须将经营权委托给特定的管理人员,使公司的所有权和经营权分离,"委托-代理"关系由此产生。到了 20 世纪 70 年代末,一批经济学家从信息不对称和激励两

---

① David A. Lake, "Leadership, Hegemony, and the International Economy: Naked Emperor or Tattered Monarch with Potential?" *International Studies Quarterly* 37, no. 4 (1993): 459 – 489.

② 刘有贵、蒋年云:《委托代理理论述评》,《学术界》2006 年第 1 期,第 69 页。

个方面入手，发展了企业的契约理论，出现了现代意义上的"委托-代理"关系概念。经济学家斯蒂芬·A. 罗斯（Stephen A. Ross）认为，如果经委托，一方代表另一方的利益行使某些决策权，"委托-代理"关系就产生了。① 威廉·P. 罗杰森（William P. Rogerson）则认为，"委托-代理"关系本质上是一种契约，它是指一个或多个行为主体经过契约，指定由另一个或多个主体提供服务，并支付相应报酬的关系。②

"委托-代理"关系的理想状态是：委托人将自己所有的资源部分授权给有能力的代理人经营，代理人则尽最大努力使资源效益最大化。但是现实情况却往往不尽如人意。经济学家亚当·斯密（Adam Smith）总结早期股份制企业中"委托-代理"关系的一个普遍问题，并在《国富论》中提出：股份制公司中的经理人在对企业进行管理的时候，因使用的都是别人的资金，所以不会有私人公司合伙人那样的觉悟，或多或少存在一些懈怠和资源浪费的情况。随着现代规模化大生产的发展，"委托-代理"问题逐渐凸显出来，分工的细化导致权利的所有者由于知识能力、精力的局限而不能行使所有权利，因此，必须把权利部分地让给那些具有专业知识的代理人，因为他们有能力行使委托人委托的权利。1971 年，经济学家迈克尔·斯宾塞（Michael Spence）和理查德·泽克豪泽（Richard Zeckhauser）在一项针对保险公司的研究中，指出在投保人与保险公司之间的"委托-代理"关系中，最核心的影响因素就是信息不对称。有时投保人具有信息优势，因为只有投保人知道自己的健康状况。有时保险公司具有信息优势，大多在保险条款的制定方面。他们认为一个不愿承担风险的投保人会希望向保险公司支付一定的保费来转嫁由于投保人自身的行为所导致的风险。然而，保险公司没有办法直接监督投保人的行为是否严格遵守了保险合同的约定，投保人在没有被监督的情况下很可能做出一些违反约定的行为增加保险公司的道德风险。为此，斯宾塞和泽克豪泽提出适当的激励机制和惩罚机制

---

① Stephen A. Ross, "The Economic Theory of Agency: The Principal's Problem," *The American Economic Review* 63, no. 2 (1973): 134–139.

② William P. Rogerson, "The First Order Approach to Principal-Agent Problems," *Econometrica* 53, no. 6 (1985): 1357–1368.

可以降低道德风险，认为如果投保人知道自己的高风险行为会导致产生大笔免赔额，那么他们出于自身利益考虑就会谨慎行动。[1] 本特·霍姆斯特罗姆（Bengt Holmstrom）[2] 和斯蒂文·沙维尔（Steven Shavell）[3] 总结出"委托-代理"关系的六大特点：（1）代理人的行为决定着委托人所需要支付的成本；（2）代理人和委托人之间存在信息不对称现象，委托人只能知道代理的结果而无法知晓代理过程；（3）委托人和代理人的偏好不一致；（4）创建"委托-代理"关系的主动权掌握在委托人手里，委托人的行为是其集体偏好的体现；（5）"委托-代理"关系成立之后的具体机制建构取决于委托人和代理人的共有知识（common knowledge）；（6）委托人有权随时结束委托代理关系。这些特点使"委托-代理"关系存在四大天然缺陷：第一，委托人和代理人之间的目标函数不同所导致的"激励不相容"，即作为经纪人，委托人和代理人都追求各自效用最大化，这必然导致代理人不会一直按照委托人的利益行动；[4] 第二，资本所有权与经营权分离所导致的"责任风险不对等"，即代理人对委托人所有的资源行使控制与经营权，但不承担委托人的亏损；第三，委托人无法完全知晓代理人的代理行为所导致的委托人和代理人之间的"信息不对称"；第四，委托人和代理人之间订立的合同无法囊括"委托-代理"关系中可能出现的所有问题所导致的委托人与代理人之间的"契约不完全"。

为了应对这些"委托-代理"关系缺陷，学者们开始尝试建构科学的"委托-代理"模型。例如，大卫·E. M. 萨平顿（David E. M. Sappington）运用规制设计的贝叶斯分析方法（bayesian analysis）建构起一个能够被应用

---

[1] Michael Spence and Richard Zeckhauser, "Insurance, Information, and Individual Action," The American Economic Review 61, no.2(1971): 380 – 387.

[2] Bengt Holmstrom, "Moral Hazard and Observability," The Bell Journal of Economics 10, no.1 (1979): 74 – 91.

[3] Steven Shavell, "On Moral Hazard and Insurance," The Quarterly Journal of Economics 9, no.4 (1979): 541 – 562.

[4] 迈克尔·詹森、威廉·梅克林：《企业理论：管理行为、代理成本与所有权结构》，陈郁编《所有权、控制权与激励——代理经济学文选》，上海人民出版社，2006，第5页。

于研究更普遍的"委托-代理"关系的委托代理模型。① 马丁·魏茨曼（Martin Weitzman）则从动态、多层次的"委托-代理"关系出发，设计出棘轮效应模型②（ratcheting effect model）及隐藏行动的道德风险模型（moral hazard with hidden action model）隐藏信息的道德风险模型（moral hazard with hidden information model）、逆向选择模型（adverse selection model）信息甄别模型（screening model）等。甚至有学者提出，"委托-代理"理论实际上就是"如何构建隐藏道德风险的模型"的别称。通过构建"委托-代理"模型，委托人会忽略与代理人之间的信息不对称问题，选择结果导向型激励（outcome-based incentives）机制应对道德风险，因为道德风险的存在不仅会影响委托人的收益，还会使"委托-代理"的最终效果打折扣，导致各方都不可能实现利益的绝对最大化。③ 随着"委托-代理"理论的不断发展，在传统的双边"委托-代理"关系模型的基础上又发展出多种形式的"委托-代理"关系模型，如"多边委托-代理""共同代理""委托-监督-代理""多任务代理"关系模型等。"委托-代理"理论研究的问题领域也逐渐明晰，如分析委托人和代理人之间的关系，以及如何克服存在于"委托-代理"关系中的道德风险（moral hazard）与逆向选择（adverse selection）等固有缺陷。

二、"委托-代理"理论的知识结构

根据拉卡托斯的科学研究纲领方法论，科学理论结构是一系列假说的集合，其中最基本的假定构成理论的"硬核"。作为制度经济学的重要理论成果，"委托-代理"理论是以西方经济学关于理性"经济人"的假定为核心的。个体理性是人类从事经济活动的普遍行为共性，这是西方经济学理

---

① David E. M. Sappington, "Incentives in Principal-Agent Relationships," *Journal of Econimics Perspectives* 5, no.2(1991): 45–66.

② 棘轮效应模型是指，在"委托-代理"关系中，委托人会根据代理人之前的业绩制定新的评价标准，随着代理人业绩的提升，委托人制定的评价标准也会越来越高，代理人预期到业绩提升会带来标准的提高，因此努力的积极性会降低。参见：Martin L. Weitzman, "The 'Ratchet Principle' and Performance Incentives," *The Bell Journal of Economics* 11, no.1(1980): 302–308.

③ Steven Shavell, "Risk Sharing and Incentives in the Principal and Agent Relationship," *The Bell Journal of Economics* 10, no.1(1979): 55–73.

论体系奠基层面的核心假设,① 也是西方经济学理性主义演变过程中逐渐形成的一个"公理化""科学化"立场和认知观。拉卡托斯认为,"硬核"的产生不需要依靠逻辑的途径,其本身也具备形而上学的性质。从斯密提出市场主体的"自利人",到马歇尔等学者将"经济人"作为承载整个古典经济学的概念,再到贝克尔等学者考虑用非理性因素对"经济人"进行修正与完善,理性"经济人"的假设不断得到强化,并为分析经济学主体行动空间和资源配置结果间的关系提供了理论逻辑的内在规定性和规范分析的技术可行性。虽然随着经济学理论的发展和人类认知能力的提升,非理性行为或偏离理性规范的异常时而出现,并促使一些学者从社会学意义考察人的经济活动,但这些充其量只是在既定的逻辑主线上对理性探讨的自然延伸,是研究者运用科学研究纲领的"启发法"保护"硬核"的可证伪性,建立自恰(self-contained)理论体系的表现。以此为基础,"委托-代理"理论认为,在"委托-代理"关系中的两个主体——委托人和代理人,本质上都是"理性经济人",这是"委托-代理"理论的基础和研究的逻辑起点,并内在规约了"委托-代理"理论的特质和演进方向,同时孕育和拓展了该理论的发展空间,使其具备可证伪性的经验指涉。作为理性的"经济人",委托人和代理人关注自身利益并为此积极行动是"委托-代理"关系成立的必要条件。"委托-代理"关系的形成并非偶然,作为一种交换关系,委托人提供给代理人所需的资源和报酬,而代理人运用自身的信息和能力为委托人带来收益。"委托-代理"关系的建立需要具备三个构成要件,即委托人、代理人及它们之间关于成立"委托-代理"关系的契约。委托人指的是那些将特定的不能够直接转化为期待收益的资源给付给代理人换取期望收益的主体。对应地,代理人则指的是接受委托人给付的资源,并有能力将其转化扩大为委托人收益的主体。② 对于委托人来讲,之所以选择与代理人建立"委托-代理"关系,是因为代理人具有委托人所不具备的实现

---

① 王国成:《西方经济学理性主义的嬗变与超越》,《中国社会科学》2012年第7期,第68页。

② James S. Coleman, *Foundations of Social Theory* (Cambridge. MA: Belknap Press of Harvard University Press, 1990), p.56.

特定目标的能力，或者通过代理人所带来的收益，要超过委托人自己行动所获的收益。而对于代理人来讲，他们通过付出努力，可以从委托人那里获得相应的报酬，而这一报酬的效用通常要相对高于同期市场机会成本（可以理解为代理人在同一时期从事其他事务所获得的报酬）。此外，委托人所拟定的契约要大致符合激励相容的约束条件，给代理人设定的要求或义务需要充分考虑代理人的利益。也就是说，"委托-代理"关系的成立是符合作为理性主体的委托人和代理人利益需求预期的。

除了对委托人和代理人的理性假定外，"委托-代理"理论的另一个核心假定就是委托人和代理人之间存在信息不对称。① 在"委托-代理"关系建立，委托人和代理人即处在一种信息不对称的环境中。作为理性的经济人，委托人和代理人都希望追求自身利益的最大化。对于代理人来讲，他们希望的是能够尽可能少付出努力以获得尽可能多的报酬效用 $[EU = f(Wealth, Effort)]$。在"委托-代理"关系成立阶段，代理人没有太多和委托人讨价还价的余地，多数情况下只能选择是否接受委托人的邀约。一旦"委托-代理"关系建立，代理人相比于委托人则更具信息优势，因为只有代理人知道他们是如何完成代理任务的。代理人会运用信息优势来争取获得利益的最大化 $[EU = g(Wealth, Effort, Information\ use)]$，很可能会向委托人隐瞒一些信息，尤其是那些有利于委托人却可能会增加代理人成本的信息，从而减少自己付出的努力，同时代理人也可能会在委托人不知情的状况下，做一些超出委托人授权范围的行为等。委托人无法确切地知道代理人的努力程度，以及代理人是否会以损害委托人的利益为代价谋求自身利益的最大化，造成代理懈怠（agency slack）、代理损耗（agency loss）等问题。② 委托人在选择代理人的时候，也没有充足的信心了解代理人是否具备完成特定任务的能力（逆向选择）③。这种信息不对称使委托人和代理人之间面临陷入麦迪逊困境（Madison's dilemma）的危险，即委托人对代理人

---

① 张维迎：《博弈论与信息经济学》，上海人民出版社，2004，第230页。
② 刘有贵、蒋年云：《委托代理理论述评》，《学术界》2006年第1期，第69-70页。
③ Dietmar Braun and David H. Guston, "Principle-Agent Theory and Research Policy: An Introduction," *Science and Public Policy* 30, no.5(2003): 302-308.

的授权很可能恰恰使得代理人获得损害委托人的权利，因为作为理性的"经济人"的委托人和代理人在一个信息不对称的环境中，彼此的利益永远不可能完全匹配。

三、"委托-代理"理论的分析框架及其在经济学领域的发展

对于经济学领域的"委托-代理"理论学者们来说，公司的成立和治理实际上就是创始人（委托人）如何让渡公司治理权及解决公司内部交易成本的问题。而基于上述假定，每个委托人必须考虑的就是如何在保证对代理人的控制权的情况下让渡权利，实现资源的最优配置。因为作为理性的"经济人"，委托人和代理人的利益从来都不可能是完全一致的，委托人必须设计出有效的自我履行（self-enforcing）契约或机制，诱导、激励代理人努力工作。

关于如何设计出有效的契约或机制，传统"委托-代理"理论最初的分析结构是建立在"1个委托人-1个代理人"之间的单次"委托-代理"关系模型之上的。这一模型中，委托人和代理人均只有一个，代理人完成委托人的工作之后，"委托-代理"关系则随之结束。① 在这种最简化的单次博弈模型中，委托人如何设计一个最优契约取决于"委托-代理"关系的可观测结果（设为x）和货币收入（设为y），x和y则是由代理人的努力水平（设为a），以及不受委托人和代理人控制的自然变量（设为b）共同决定的。由于b的不可控性，因此可以用特定范围内变量b的密度函数$g(b)$来表示b在给定时刻的取值。在b被给定的情况下，代理人越努力，产出越高。代理人的产出是其努力程度的确定函数，委托人则必须根据可以观测到的结果x，在代理人参与约束②（IR）和激励相容③两个约束条件下，对代理人制定一个最优化的报酬［设为$s(x)$］。而要实现利益最大化，要么在投入既定的情况下实现产出最大化，要么就在产出既定的情况下实现

---

① 张维迎：《博弈论与信息经济学》，上海人民出版社，2004，第235页。
② 参与约束指的是代理人参与"委托-代理"关系所获得的最小期望效用应当大于不参与时获得的最大期望效用（保留效用），可以用$\bar{u}$表示。
③ 激励相容指的是当委托人无法观测到代理人的努力程度和不由其控制的自然变量的时候，无论在怎样的激励合同下，代理人总是选择那些能够最大化自身期望效用的行动。

投入的最小化。在传统"委托-代理"模型中，委托人的期望效用可以用 $v[y-s(x)]$ 表示，而代理人的可以用 $u[s(x)-c(a)]$，其中 $c(a)$ 可以理解为代理人付出努力的边际效用。因为委托人和代理人之间信息不对称，代理人的努力程度是委托人无法知晓的，所以可以假定委托人期望代理人的努力程度为 a，而代理人实际可能的努力程度为 a'。通过总结既有研究成果的分析思路，"委托-代理"关系的最优化分析框架，可以用以下公式进行表述①：

$$\max_{s(x),a} \int v[y-s(x)]g(b)db \qquad (1)$$

$$\int u[s(x)]g(b)db - c(a) \geq \bar{u} \qquad (2) \quad 参与约束(IR)$$

$$a \in \underset{a'}{\arg\max} \int u[s(x)]g(b)db - c(a') \qquad (3) \quad 激励相容约束$$

基于上述分析框架可以看出，在传统"委托-代理"关系模型中，影响"委托-代理"关系产出的变量被最大程度简化。在信息不对称的环境中，委托人因无法直接监测到代理人的努力，而倾向于成为一个风险规避者，其所设计的控制机制也多为结果导向型，是影响代理产出最关键的变量。委托人会打破最优的风险分担方案，让代理人承担更多的风险，导致双方陷入单次博弈囚徒困境（one-shot prisoner's dilemma game），这场博弈的纳什均衡（Nash equilibrium）就只能是帕累托次优解（Pareto suboptimality）。②

然而在实践中，很多"委托-代理"关系并非像上述模型那样简单，现实中的"委托-代理"关系往往表现为多主体（委托人、代理人），以及重复、动态的"委托-代理"关系。面对这些新颖事实，研究者们运用"正面启发法"通过扩展传统"委托-代理"研究纲领的"保护带"成功实现了研究纲领的进步问题转换，并发展出了一系列辅助性理论。例如，20世纪80年代之后，一些研究者把动态博弈理论引入"委托-代理"研究纲领中，成功解释了在多次、重复、长期的"委托-代理"关系中，委托人有可

---

① Bengt R. Holmstrom, "Moral Hazard and Observability," *Bell Journal of Economics* 10, no. 1 (1979): 74–91.

② 杨懋、祁守成：《囚徒困境 从单次博弈到重复博弈》，《商业时代》2009年第2期，第15页。

能通过竞争、声誉等隐性激励机制，实现帕累托最优解。① 此外，在传统"委托-代理"理论上还发展出了基于多目标的"委托-代理"理论、"共同'委托-代理'"理论等。这些理论都是对传统双边单次"委托-代理"研究纲领的拓展。例如，在基于多任务的"委托-代理"模型中，假设代理人从事不同任务所付出的努力程度为 a，可能遇到的不可控自然变量为 b，在这种情况下，代理人的参与约束公式（2）就需要由原本单一参与效用和保留效用之间的比较转变为代理人完成不同任务所付出努力的效用的组合比较，同时，激励相容约束的公式（3）也需要由单一的激励相容约束转变为多个局部激励相容约束和整体激励相容约束。于是，在"多任务'委托-代理'"理论的分析框架下，代理人的行动被设定为多维向量 $a = (a_1, a_2, \cdots, a_n)$，委托人和代理人之间的期望效用函数也增加了更多参数和变量，从而使得出的结论更加丰富和切合实际，例如成功地解释了为什么有时委托人付给代理人的报酬是固定的，而有时又对代理人进行分工并确定不同的激励机制。②

第三节 "委托-代理"理论在政治学领域的检验及其对国际组织研究的启示

"委托-代理"理论在经济学研究中发展起来之后逐渐被应用到政治学学科领域，成为分析政府信用、政治交易等问题的主要理论工具。拉卡托斯的科学研究纲领方法论要求进步的研究纲领具有稳定性和继承性，而"委托-代理"研究纲领是否真正能够引导人们发现新颖事实，实现理论和经验上的进步问题转换，在政治学尤其是民主政治模式和比较政治学的相关研究中得到了进一步检验。随着检验结果的积累，学者们对"委托-代理"关系模型的一般性预测更有自信，并为该纲领被引入国际关系学，分

---

① 张维迎：《博弈论与信息经济学》，上海人民出版社，2004，第237页。
② B. Douglas Bernheim and Michael D. Whinston, "Common Agency," *Econometrica* 54, no. 4 (1986): 923–942.

析国际组织、国家与国际组织间关系等议题提供了重要的启发和借鉴。

一、"委托-代理"理论在政治学领域的最初应用

政治学研究对"委托-代理"理论的借鉴和运用有着深厚的理论渊源。以"社会契约论"和"人民主权说"为支柱的自然法学派认为,在政府和人民之间存在政治上的"委托-代理"关系:人民拥有国家的主权,是国家的主人,人民不能直接行使国家的公共权力,所以在社会契约的基础上让渡自身的部分权力成立政府。基于政治过程的需要,政府又需要选择职业代理人处理具体政治事务,这些职业代理人形成了政治体系中的官僚机构。正如马克斯·韦伯总结的那样:政治本质上是一种契约关系,在政治关系中存在三个主要群体:(1)权力所有者(power holders);(2)为当权者服务的人(servants),例如官僚机构;(3)人民(populations)。人民将权力委托给一个合法政府,以获得国内稳定并抵御外来侵略,而政府又会授权各种官僚机构、行政部门来完成具体的工作。这三个群体之间就互动关系的内容、范畴、行为所形成的明示或默示的契约,就是政治。[①]

经济学中"委托-代理"理论的核心假定是关于理性"经济人"的假设,而这一点与政治学关于理性"政治人"的假设不谋而合,这是"委托-代理"理论运用到政治学研究中的基石。纵观近代以来的社会科学研究发展,最明显的变化就是人的觉醒和理性的扩展,而近代政治思想转型的最主要特征则是向建立在科学知识基础之上的理性主义政治体系转变。[②] 政治学中关于理性"政治人"的研究基础最早可以追溯至马基雅维利运用个人主义的视角研究政治,霍布斯则真正开创了从理性人角度出发研究政治的逻辑框架。霍布斯以事实的政治逻辑为基础,认为国家是由个人联合组成的,分析国家最本质的政治事实就是分析自然状态下个人的人性,而理性则是人获得自然法的核心,亦是政治知识的唯一来源。洛克通过对霍布斯政治哲

---

① Max Weber, *Economy and Society: An Outline of Interpretive Sociology* (Berkeley: University of California Press, 1978), pp. 126 – 127.
② 陆锋明:《近代科学理性主义政治学的兴起及反思》,《社会科学论坛(学术研究卷)》2009 年第 7 期,第 30 页。

学思想的完善,形成了科学理性主义政治学的自由主义模式。此后,科学理性主义政治学在法国启蒙运动中得到飞跃式发展,理性在政治中的重要性达到了极致,理性成为最高的权威,一切都必须在理性的法庭上为自身的存在做辩护。① 近代理性主义政治学是人类政治文明历史的重大进步。在此之后,政治学关于理性主义的反思虽然从未间断过,但是从未突破政治研究的理性化趋势,且在当代政治学成就中形成了包括理性选择理论、理性选择制度主义理论等出色的理论成果。这些理论的共同之处就是假定政治行为是由自利的、追求利益最大化的理性"政治人"实施的。人的理性引导他们意识到自我的利益,通过行动实现这些利益,而国家则是所有理性人达成的公共契约。在关于理性人的核心假定基础之上,"委托-代理"理论在政治学研究中的适用性还基于这样一个事实:民主政治生活中,国家所有权与管理权的分离。② 近代西方民主理论发展的核心就是"主权在民"思想的逐渐确立。"主权在民"彻底推翻"君权神授"和"主权在君"的西方传统政治思想,使民主政治成为可能。③ 在民主政治中,人民是国家的主人,是国家主权的拥有者,直接民主制意味着全体人民直接参与国家治理,行使对国家的管理权。但是,在现实政治实践中,人民不可能全部直接参与到管理国家的具体事务当中,代议民主制由此产生,即作为国家主权所有者的人民通过政治选举等方式,授权政府和其他机构代理行使国家管理权,进而间接参与国家的具体事务。正如约瑟夫·熊彼特(Joseph Schumpeter)所描述的那样,所谓的民主制度并不是所有人民参与统治,而是由他们通过投票选举出特定的精英来统治。④ 在很多国家中,政党(political parties)或政治企业家(political entrepreneurs)建构着社会动员机

---

① 中共中央马克思恩格斯列宁斯大林著作编译局编《马克思恩格斯选集(第三卷)》,人民出版社,1995,第355页。

② Gary J. Miller, "The Political Evolution of Principal-Agent Models," *Annual Review of Political Science* 8, no.1(2005): 203 – 225.

③ 倪星:《论民主政治中的委托—代理关系》,《武汉大学学报(哲学社会科学版)》2002年第6期,第728页。

④ 约瑟夫·熊彼特:《资本主义、社会主义与民主》,吴良健译,商务印书馆,1999,第36页。

制，并向政府提供候选人。① 当人民授权政府国家管理权之后，在具体政治过程中，政府又需要选择职业代理人来完成具体的政治事务，由此产生官僚，构成政治生活中"人民—政府—官僚机构"之间的复杂"委托-代理"关系。

"委托-代理"理论正式作为一项研究工具被运用到政治学领域主要开始于美国国内政治制度，尤其是美国国会及其各委员会之间的关系的研究。这个新的视角受到肯尼思·谢普斯勒（Kenneth Shepsle）、理查德·麦凯尔维（Richard McKelvey）、威廉·赖克（William Riker）等学者关于美国国会机构作用的研究启发。这些学者指出，在国会的多数表决机制（majoritarian decision-making system）中，决策的过程十分复杂，彼此竞争的政策提案会在多种可能的结果中循环，具有很大的不稳定性。因此，谢普斯勒认为，国会可以通过规定政策的可选项，以及规范不同参与者在决策过程中的投票权和否决权，建立"结构诱导性的均衡"（structure-induced equilibrium），以解决决策的不稳定性等问题。② 1983 年巴里·R. 温格斯特（Barry R. Weingast）和马克·J. 莫兰（Mark J. Moran）关于美国联邦贸易委员会（Federal Trade Commission）③ 的研究及 1984 年温格斯特关于美国证券交易委员会（United States Securities and Exchange Commission）④ 的研究中，都运用"委托-代理"理论视角说明在国会与国会委员会之间存在信息不对称关系和结果导向型激励机制，以解释为什么长期以来国会只投入很少的资源对其官僚机构进行监管。学者指出，国会并非不对官僚机构进行监管，只不过一个有效的事前激励机制能够替代国会直接、持续的监管行为，使官僚机构能够按照国会的利益偏好行事，国会只关注其官僚机构有没有最终给予选

---

① Giovanni Sartori, *Parties and Party Systems*（New York：Cambridge University Press,1976），p. 85.

② Kenneth A. Shepsle, "Institutional Arrangements and Equilibrium in Multidimensional Voting Models," *American Journal of Political Science* 23, no.1(1979)：27 – 59.

③ Barry R. Weingast and Mark J. Moran, "Bureaucratic Discretion or Congressional Control? Regulatory Policymaking by the Federal Trade Commission", *Journal of Political Economics* 91, no. 5 (1983)：765 – 800.

④ Barry R. Weingast, "The Congressional-Bureaucratic System：A Principal Agent Perspective," *Public Choice* 44(1984)：147 – 191.

民想要的政策结果。① 进入20世纪90年代,"委托-代理"理论在政治学研究中的广度和深度都取得重大进步。例如,1994年,乔治·W. 唐斯(George W. Downs)和大卫·M. 罗克(David M. Rocke)在运用"委托-代理"理论分析美国总统对外政策的文章中将总统视为选民的代理人,认为选民相对于他们选举出来的总统存在信息劣势,他们无法直接监督总统的日常行为。总统除了实现公众利益外,还有其他野心和抱负,选民出于监督总统行为的高昂成本考虑,会选择与总统达成结果导向型契约,只关注总统决策的结果,而选民对总统的控制机制只能通过弹劾总统及评估其决策来实现。②

二、"委托-代理"理论在政治学领域的检验和发展

政治学领域的"委托-代理"理论是理性选择制度理论（rational choice institutionalism theory）在比较政治学研究中的重要发展,它很好地解释了国内政治的制度选择和制度设计问题。基于理性人的假设,政治学领域的"委托-代理"理论的基本研究逻辑是用影响和结果来解释原因,用理性选择解释制度选择。这是基于任何制度都存在固有的不确定性,所以制度的选择和设计可以用它在实施过程中所预设的政策产出来解释,即在结果不确定的情况下,给定制度的理性预期效果,解释制定特定类型制度的行为主体偏好,最终采用的制度必然反映这些主体偏好。在国内政治中,"委托-代理"关系的确立是因为这符合委托人的利益需求:第一,作为制度设计和制度选择的特定方式,授权行为能够提高政治权力所有者的政策承诺可信性（commitment credibility）。代理人的专业知识、信息和技能可以提高政策制定的效率,并通过在不完全信息环境中提供有关不同行动者行为的信息,促进理性利己主义者之间的互利合作。第二,"委托-代理"理论认为,无论是"选民—政府",还是"政府—官僚机构",本质上都是一种"关系

---

① Mathew D. McCubbins and Thomas Schwartz, "Congressional Oversight Overlooked: Police Patrols versus Fire Alarms," *American Journal of Political Science* 28, no.1(1984): 165 – 179.

② George W. Downs and David M. Rocke, "Conflict, Agency, and Gambling for Resurrection: The Principal-Agent Problem Goes to War," *American Journal of Political Science* 38, no.2(1994): 362 – 380.

合同"(relationship contracts)。在这样的合同中,协议各方承诺在未来以一定的方式行事(投票、允许自由贸易或交付产品)。正如奥利弗·威廉森(Oliver Williamson)所指出的,除了最简单的合同外,其他合同都是不完整的,因为在合同的整个生命周期中,不可能(或者至少代价高昂得令人望而却步)清楚地阐明契约方所有的义务。[①] 因此,与其竭尽所能地签订一个尽可能预测所有可能状况的完整合同(很难实现),契约双方更愿意签订一个规范彼此交往的关系合同,即确定合同大致的执行目标,制定在合同规定不明确的情况下的决策程序,以及双方发生冲突时的纠纷解决机制。第三,国内政治的授权可以有效地减少决策制定成本,例如,将立法权赋予特定的机构,规定哪些主体享有提案权及提案和决策规则,从而尽可能地避免决策结果在可能的备选方案中无休止地循环。同时,委托人尤其是政府,有时会希望做出一些不受选民欢迎的决策,而通过将决策制定权交给代理人,它们可以将代理人推向前台,承担由此产生的决策成本。[②]

此外,同样是作为理性选择制度理论分支,"委托-代理"路径与传统的功能主义研究路径相比最大的优势在于,它观察到了被授权机构的行为并非完全与委托人最初所设计的一致,相反,像美国国会委员会这样的机构在创立之后,往往会发挥新的功能和作用,而这是在它们被创立之初所没有预见到的。的确,正如保罗·皮尔森(Paul Pierson)所指出的那样,被授权机构在任何时间点上,都可能表现出由于信息不完善、时间跨度较短所造成的"意外情况",[③] 因此政治学"委托-代理"理论关注的一个重要问题就是如果代理人(无论是政府还是其官僚组织),有明显区别于委托人的利益偏好,并利用委托人的授权,以牺牲委托人的利益为代价追求自己的利益,那么委托人应该怎么办呢?政治学"委托-代理"理论认为,委托人和代理人之间的利益不一致性几乎总是存在的,有学者指出:授权的副作用……用经济学

[①] Oliver E. Williamson, *The Economic Institutions of Capitalism*: *Firms*, *Markets*, *Relational Contracting* (New York: Free Press, 1985), p. 145.

[②] Mark Thatcher and Alec Stone Sweet, "Theory and Practice of Delegation to Non-Majoritarian Institutions," *West European Politics* 25, no. 1 (2002): 1–5.

[③] Paul Pierson, "The Path to European Integration: A Historical Institutionalist Analysis," *Comparative Political Studies* 29, no. 2 (1996): 123–163.

理论的术语来说，就是所谓的代理损耗。在"委托-代理"关系存续期间，代理人多多少少会存在一些机会主义行为（opportunistic agency），这是代理人逃避责任（shirking）和官僚主义（bureaucratic drift）的主要来源。① 同时，"委托-代理"结构本身的不完善也可能会为代理人做出违背委托人偏好的行为提供机会。在信息不对称的情况下，"委托-代理"关系中的代理人拥有比他人更有利的信息优势，这使得委托人对代理人的控制和评估变得困难。如果没有获得评价代理人业绩的必要信息和手段，委托人很容易处于不利地位，产生代理损耗的可能性就很大。面对代理人的自主性行为及其可能带来的代理损耗，政治学领域的"委托-代理"理论的观点并不认同所谓"失控官僚主义"（runaway bureaucracy）和"国会主导"（congressional dominance）的观点。前者认为委托人向代理人授权后，代理人便成为决策的核心人物，完全不受委托人的约束。按照这种观点，代理机构相对于它们的委托人来说拥有无可争议的信息优势，委托人的监督程序松懈而无效，使得代理机构可以自由地追求自己的政策偏好。早期研究美国国会的学者中有很多人持这一观点，认为国会没有对其委员会进行有效监督，使得全能的官僚在政策制定过程中经常横行霸道。② 后者主张委托人对其代理人的行为保持完全或近乎完全的控制，而不是将控制权拱手让给失控的官僚机构。正如温格斯特和莫兰所指出的那样，联邦贸易委员会（Federal Trade Commission）等监管机构并没有恣意妄为，而是对国会的偏好做出了明确的回应，即便这些监管机构没有做出公开干预。③ 不同于上述两个观点，"委托-代理"理论认为，委托人可以运用各种控制机制约束代理人的行为，降低代理损耗的风险。一方面，"委托-代理"合同是一种自我执行的关系合同，委托人通过各种行政和监督规范，限制代理人的活动范围、降低代

---

① D. Rodetick Kiewiet and Mathew D. McCubbins, *The logic of Delegation*: *Congressional Parties and the Appropriations Process* (Chicago University of Chicago Press, 1991), pp. 165 – 174.

② Lawrence C. Dodd, *Congress, and the Administrative State* (New York: Wiley Press, 1979), pp. 230 – 234.

③ Barry R. Weingast and Mark J. Moran, "Bureaucratic Discretion or Congressional Control? Regulatory Policymaking by the Federal Trade Commission," *Journal of Political Economy* 91, no. 5(1983): 765 – 800.

理损耗可能性,以此来代替对代理人的直接监督。也就是说,国会并非不对官僚机构进行监管,只不过一个有效的事前激励机制能够代替国会直接、持续的监管行为,使官僚机构能够按照国会的利益偏好行事。① 另一方面,与上述两种学说相比,政治学领域的"委托-代理"理论更加关注委托人可能使用的控制机制及其与代理人行为之间的关系,具体来讲,就是这些可能的控制机制是如何发挥作用的、它们的成本如何,以及代理人在相应控制机制下的自主性程度等。

三、政治学领域的"委托-代理"理论对国际组织研究的启示

政治学领域的"委托-代理"理论的成功运用给很多国际组织研究者提供了重要启发。从实践和理论层面上看,学者们对政府间国际组织在当前国际社会中所扮演的角色和功能的观点存在近乎不相容的巨大差异。一方面,越来越多的国际组织研究者观察到,很多政府间国际组织在成立之后就开始不断挣脱成员国的束缚,获得更多的自主性,甚至开始"胡作非为"。② 另一方面,还有学者认为,一些政府间国际组织过于顺从它们的成员国,尤其是那些实力强大的成员国。这些成员国利用政府间国际组织作为合法化的幌子,将自己的意志强加给世界。还有一些观点认为,政府间国际组织成立之初曾为它们的创始者服务,但是之后可能会被其他政治主体"劫持",从而为新的主体服务,成为"双面代理人"(double agents),从而违背它们的初衷。

尽管这些观点的竞争和辩论相当激烈,但是对于国际政治理论家而言,他们根本没有合适的理论工具来解释这些主张,其中很大部分的原因是既有的国际关系理论过于简单地概括了政府间国际组织的性质,忽视了政府间国际组织在活动范围、自主性和功能上的变化性。有的政府间国际组织在初创时确实从成员国那里获得很大的独立行动权限,它们甚至有权制裁

---

① Mathew D. McCubbins and Thomas Schwartz, "Congressional Oversight Overlooked: Police Patrols versus Fire Alarms," *American Journal of Political Science* 28, no.1(1984): 165 – 179.

② Samantha Power, *A Problem from Hell: America and the Age of Genocide* (New York: Perseus Publishing, 2002), p.56.

成员国，但同时也确实有很多政府间国际组织受到成员国的严格限制，并且十分"听令于"成员国。如果说政府间国际组织之所以有效地推动了国家间合作，是因为它降低了交易成本，缓解了信息不对称，提供了准法律框架，那么搞清楚政府国际组织"是否能够"及"如何能够"较好地完成这些任务，将会对国际合作前景产生重大影响。此外，政府间国际组织日益表现出的自主性虽然已经为大部分学者所关注并付诸研究，但是这种特征将如何影响成员国利益和政府间国际组织本身的功能，是国际政治相关理论有待解决的问题。如果没有一个赋予政府间国际组织本体论地位的研究工具，就无法解释"政府间国际组织并非在任何情况下都被动执行成员国意志和命令"的经验论断。① 因此，很多遵循理性主义研究路径的学者认为可以借鉴政治学领域的"委托-代理"理论来解决这一研究困境。

首先，在国际层面，国家向政府间国际组织授权的原因与国内社会存在很多的相似之处。尽管国际社会的无政府状态使国际政治的逻辑与国内政治有很大差别，但是，"授权"现象在国际社会中也十分普遍。在国家与政府间国际组织的"委托-代理"关系中，政府间国际组织被视作拥有主体地位的官僚机构（bureaucracies）。这样一来，政府间国际组织就同国内的官僚机构一样，它们既是成员国决策的实际执行者，在行动中或多或少受到成员国的控制，又拥有追求组织自身的利益偏好的能力。② 因此，政府间国际组织的角色、行为和功能就不能简单地被概括或定性，这种以政府间国际组织本身为导向的研究路径更加关注各国何时、为何向一个政府间国际组织授权，以及管理这种关系的规则是什么？政府间国际组织一旦被建立，将会如何行事？它们会接受成员国的命令吗？各国在多大程度上预见到建立一个拥有自主性的政府间国际组织可能出现的问题？这种预期将如何构建国家与政府间国际组织的关系？而对这些问题的研究有助于更好地解释在众多可能的国际合作方式中，国家为什么会选择向政府间国际组织

---

① 刘宏松：《国际组织的自主性行为：两种理论视角及其比较》，《外交评论（外交学院学报）》2006 年第 3 期，第 106 页。

② Barbara Koremenos, Charles Lipson and Duncan Snidal, "The Rational Design of International Institutions," *International Organization* 55, no. 4 (2001): 761 – 799.

授权。尽管很多时候政府间国际组织的行为并不完全符合国家的预期，但是从理性选择制度主义的视角来看，政府间国际组织的存在和发展必然是因为其为成员国带来了特别的好处。如果政府间国际组织只会给成员国造成负面影响，那么它们就没有存在的必要了。事实证明，国际社会中的政府间国际组织不仅数量上在持续增加，其拥有的自由裁量权也呈扩大之势。

其次，国内政治研究中常使用的"委托-代理"模型是典型的"共同代理"（common agency）模型，即在"委托-代理"关系中，作为委托人的一方有多个相互独立的主体。在国内政治中，无论是选民委托政府，还是立法者委托政党领袖，都是共同代理的典型。在这些情况下，委托方内部需要先达成协议，才能够与代理方建立契约关系。如果委托人无法事先形成统一意见，那么"委托-代理"关系就很难建立。并且，委托人内部各主体之间利益偏好的变化和博弈也会导致委托人与代理人之间的关系更加复杂。这恰好和国家与政府间国际组织的互动关系状况类似。成员国在决定建立一个政府间国际组织，以及此后与政府间国际组织打交道的过程中，也会面临集体行动和激励不相容的问题。鉴于这种复杂的代理模型，国内政治机构对其代理机构的控制机制与成员国用于控制政府间国际组织的机制也相当相似。现实中的政府间国际组织并不会完全按照成员国的指令行事，而成员国也无需始终保持对政府间国际组织的监督和控制。在大多数情况下，政府间国际组织在相当的范围内享有自主性，委托人与代理人之间的谈判是常有之事，代理人有时也会促使委托人做出利益上的妥协。

最后，政府间国际组织同国内所有的代理人一样，一旦获得授权就拥有了自主性，并且存在一种潜在的代理懈怠倾向。而在一个信息不对称的环境中，成员国对政府间国际组织进行直接、全面的监督是不可能实现的。因此，同国内政治一样，成员国作为委托人，需要就其与政府间国际组织的互动设计出有效的"委托-代理"结构，来监督和控制政府间国际组织，尽可能降低它们利用自主性做出"投机行为"的可能性，进而减少因此造成的代理损耗。

当然，虽然政治学领域的"委托-代理"研究纲领与国际组织的"委托-代理"研究纲领有很多相似之处，但二者的区别也十分明显。下文将会指出国际政治领域和国内政治领域的"委托-代理"理论之间的重要区别，但首先它们的相似之处是惊人的，这也是该理论从国内政治研究范畴发展到国际政治研究范畴的主要原因。

本章小结

"委托-代理"理论建构研究纲领的早期探索发生于经济学领域。20世纪70年代在对企业内部"委托-代理"关系的研究中，出现了现代意义上的"委托-代理"理论。"委托-代理"学者以"理性经济人"作为逻辑出发点，探索在信息不对称环境中"委托-代理"关系可能存在的问题，并尝试提出解决方案。在制度经济学框架下，学者通过研究的积累逐渐确立了围绕理性"经济人"和"信息不对称"展开的"委托-代理"知识结构和主要分析框架，围绕"委托-代理"关系的特点总结出可能出现的问题，并就"委托-代理"关系缺陷设计了相应的模型。作为一种分析各种契约关系的主流"研究纲领"，"委托-代理"逐渐超越经济学的学科范畴，被运用到分析国内政治生活的契约关系研究中，成为分析政府信用、政治交易等问题的主要理论工具。面对不同的学科背景和研究议题，"委托-代理"理论在经济学领域建立起的"研究纲领"在政治学研究中得到了检验和发展。政治学领域的"委托-代理"理论学者们坚持将理性"政治人"和"信息不对称"作为分析政治生活中"委托-代理"关系的逻辑起点，通过"反面启发法"实现了经济学领域的"委托-代理"研究纲领和政治学领域的"委托-代理"研究纲领的外部问题转换。

"委托-代理"理论在国内政治研究中的成果运用给研究国际组织的国际关系学者提供了灵感：成员国与政府间国际组织的"委托-代理"关系与国内政治层面的"委托-代理"关系在外部环境、关系模型及存在的问题等方面都具有高度相似性。20世纪末，一些从新自由制度主义分化出来的学者从理性制度选择的角度出发，运用"委托-代理"理论分析欧盟问题，正式将"委托-代理"理论引入国家与政府间国际组织关系的研究。"委托-

代理"理论超越传统国际政治理论对政府间国际组织的认知,真正在研究中赋予了政府间国际组织本体论地位,是一个具有可证伪假设的、能够解释国家与政府间国际组织关系的变化性和差异性的研究纲领。

第二章

"委托-代理"理论下国家与政府间国际组织的互动关系的构成要件

第二章 "委托-代理"理论下国家与政府间国际组织的互动关系的构成要件

"委托-代理"理论构建了委托人和代理人之间的战略交互模型，并帮助我们理解可能观察到的互动结果，而所有现象和结果都是以关系的成立为基础和前提的。在"委托-代理"关系中，委托人有条件地向代理人授权，使其为委托人的利益行事，二者相互构成，彼此定义。委托人和代理人之间的关系依托授权建立和维系，授权既可以是明示的，也可以是暗示的，它规定委托人和代理人之间的互动规则和方式。因此，我们认为，在"委托-代理"研究纲领下，国家与政府间国际组织的"委托-代理"关系由国家、政府间国际组织及国家对政府间国际组织的授权共同构成。

第一节 作为委托人的国家

从理论层面上讲，国家是国际社会最主要的行为主体，是国际政治理论研究的核心，亦是政治学理论的基本概念；从实践层面上讲，国家的行为是影响国际关系变化的关键变量，也是人类社会最基本的政治组织形式。国家的起源、定义和本质在不同的历史时期、空间条件及理论框架下有着不同的意涵，而在本项研究中，国家则是指有资格授权并成为政府间国际组织成员国的现代意义上的主权国家。

一、主权国家的起源和发展

关于国家的起源，根据人类早期遗留下来的文史资料和实物考证，人类在存在初期的两百万年里，主要是以游群或村落的形态存在着的，我们只确切地知晓在古埃及、西亚两河流域南部、黄河与长江流域等地出现了原生国家形态，而关于国家形成的原因和客观过程已然超出了近现代学者的觉知视野。因此，迄今为止，学术界关于国家的起源依旧存在很多不同的解释。早期，在东西方盛行的神意论认为，国家是根据神的意志建立的。在中国，周朝就宣扬君权天授，以此树立和强化统治者的权威。欧洲中世纪，基督教占据统治地位，托马斯·阿奎纳（Thomas Aquinas）的君权神授理论是当时用神权思想解释国家起源的主要代表之一。然而，这种解释既没有科学的逻辑，又缺乏经验事实依据，其存在的合理性十分值得商榷。真正建立在科学认知基础上的国家起源理论主要有：主张国家的建立是基于人类自发性的意志和行为的国家起源"社会契约论"；主张通过武力建立国家的"结构论"；主张国家是私有制和阶级产物的马克思主义理论；等等。

国家起源的"社会契约论"是欧洲启蒙时代最有影响力的学说之一，是对西方传统君权神授思想的彻底否定。"社会契约论"的本质在于强调国家形成于人所固有的理性，其思想源泉可以追溯到古希腊时期。公元前6世纪，以梭伦为代表的古希腊政治学家们提出了最早的超阶级国家观，认为国家本质上是社会各个阶级之间的平衡器，应当是正义与公平的代表，这是古希腊政治哲学所推崇的"中庸之道"的集中体现。① 亚里士多德的国家起源说被认为是最早与"社会契约论"存在通约性的学说，亚里士多德与公元前5世纪希腊智者学派代表普罗泰戈拉都从超越阶级的角度来解释国家的起源，普罗泰戈拉认为国家是完全平等人的集合，亚里士多德也认为国家不属于特定的集团或阶级，而是涵盖一切组织和社会团体的公民共同体。② 不同的是，亚里士多德完全否定了普罗泰戈拉天赋人权的观念，强调人在国家形成的过程中的主观能动性，认为人类本身就具备合群的特质，而国家的形成至少在组织这一层面上是一定包含人的介入的。到了古罗马时期，共和派政治家西塞罗的国家起源观念是近代"社会契约论"的先导。他指出，人类合群的特质会使他们有组成群体的趋势，而人的理性又会促使他们通过协商形成协议或契约，扩大群体，形成社会乃至国家。因此，国家是由人民共同参与的共和国，而非君主国，国家最重要的目标就是保护公民的私有财产。③ 启蒙时代，英国的思想家霍布斯、洛克，以及法国思想家卢梭等，是"社会契约论"的主要倡导者。霍布斯在其著作《利维坦》中将自然状态、自然律与授权理论视为国家出现的重要一环。霍

---

① 亚里士多德：《雅典政制》，日知、力野译，商务印书馆，1999，第14页。
② 亚里士多德：《政治学》，吴寿彭译，商务印书馆，1995，第3-4页。
③ Marcus Tullius Cicero, *The Republic and The Laws*, trans. Niall Rudd (New York: Oxford University Press, 1998), p.39.

布斯认为，所谓的自然状态就是人们各自为了争夺权力、安全、名誉而相互侵犯的人类社会原初状态，自然律的存在就是为了对抗人与人之间冲突的自然状态。自然律有三个核心的内涵：人类要追求和平，当和平无法实现时则要谋求自我保全；人在追求和平和自我保全的时候不应牺牲其他人的自然权利；人们需要向一个具备公权力的主体授权来监督契约的履行，而这个具备公权力的主体就是霍布斯所述的"利维坦"。英国的另一位著名的社会契约论思想家洛克是启蒙时代"契约论"的集大成者之一。洛克在其《政府论》一书中系统阐述了关于人类社会的自然状态与国家形成之间的关系。洛克认为人类是理性的主体，他们能够意识到自由、平等的自然状态；如果缺少被普遍认同的法律、是非标准，以及判决和执行的公权力，那么人类很可能会陷入战乱和纷争，于是理性的人类通过订立契约来建立国家，进而从自然状态进入政治社会。[1] 卢梭在他的《社会契约论》中则将订立社会契约视作人类从自然状态向政治状态过渡的基本条件。卢梭认为，人是生而自由、自主、不屈从于他人权威的，人类起始于自然状态，这种自然状态本质上是不利于人类生存的，所以，人类需要订立社会契约以寻求一种联合，将自身的某些权利让渡给集体来代替个人行动，国家由此形成。[2] "社会契约论"将国家的起源视作一种自发性的、通过契约构成的政治联合体是存在一定的合理性的，但是这种认为国家是人们集体订立的共同契约的假设，更像是一种逻辑上的推导，比较缺乏经验和史实的佐证。

相比于"社会契约论"，"结构论"更注重对史料的考察，其主要的观点是包括武力在内的外部力量才是国家起源的最主要动力。法国的伏尔泰，美国的卡内罗、奥本海默等都是"结构论"的支持者。持"结构论"的学者普遍认为，战争是国家诞生的必要条件。例如，美国的弗朗兹·奥本海默（Franz Oppenheimer）就认为，国家是通过游牧者对农业定居者的征服而创建的，在美索不达米亚、埃及、印度、希腊、罗马等地区，战争的的确确在国家兴起中起到决定作用。但是"强制论"并非将战争视作国家产

---

[1] 洛克：《政府论（下）》，叶启芳译，商务印书馆，1995，第155页。
[2] 卢梭：《社会契约论》，何兆武译，商务印书馆，1994，第24页。

生的充分条件。例如,有学者指出,战争虽然是国家产生的动力机制,但是国家的形成还包含其他特殊的条件。除了战争外,导致国家形成的其他条件还有环境限制、政治演化、资源集中和社会限制。关于环境限制,卡内罗认为,如果一个地区的生态环境限制了人类的生存,那么该地区就更加容易产生国家,卡内罗对比了亚马孙河流域和秘鲁沿海河谷两个地区的情况,并指出,亚马孙河流域物资极其丰富,在该区域发生的战争通常以复仇、获得威望等为目的,战败的群体通常会迁徙到其他地方继续生存,因为任何一个地方都适于耕作,所以亚马孙河流域村落广泛分布且保持自治。相比之下,秘鲁沿海河谷环境恶劣、物资贫乏,战败的群体往往无处可去,只能选择臣服于战胜群体,并融入其政治单位,因此该地区更容易形成国家。社会限制是对环境限制的重要补充,它是指无论资源充沛还是匮乏,人们为了抵御和对抗侵略者,往往会倾向于壮大群体。政治演化和资源集中就是指通过战争、对外攫取而不断扩大的政治单位需要完善和细化内部政治结构并集中物质资源,进而将分散的政治单位组合成统一且集中的国家。

马克思主义的国家起源论认为,私有制的出现和阶级的分化是导致国家产生的根本原因。马克思和恩格斯认为,在经济不发达的氏族部落,内部成员之间的关系主要由自身调整,生产资料实行公有制,成员之间也不存在阶级之分。① 生产力发展导致公有制的解体和社会分工的出现。人与人之间的交换代替部落之间的交换。私有制出现,而社会大分工又促使社会上出现奴隶和被剥削者,家庭成为社会的最基本单位。② 随着经济不断发展、阶级分化,以及不同阶级之间的对抗越发尖锐,原本的氏族部落已经无法应对公开的冲突,因此就需要一个能够对内维护秩序、对外抵御侵略的暴力机器,国家由此诞生。恩格斯在其《家庭、私有制和国家的起源》中概括出国家形成的三种途径:第一种是直接在氏族内部的阶级对立中发

---

① 中共中央马克思恩格斯列宁斯大林著作编译局编《马克思恩格斯选集(第四卷)》,人民出版社,1995,第154页。
② 中共中央马克思恩格斯列宁斯大林著作编译局编《马克思恩格斯选集(第四卷)》,人民出版社,1995,第155-159页。

展起来的;第二种是在平民与氏族贵族的冲突中由战胜的平民建立起来的;第三种则是氏族通过对外征服建立起来的。① 国家一经建立,就具备政治职能、经济职能和社会职能,其中最重要的就是政治职能,即控制敌对阶级、抵御外来侵略等。

二、主权国家概念的界定

在国家演进的历史长河中,国家的概念并不总是包含"主权"的内容。最早的国家形态出现在古希腊;古希腊的城邦国家衰落之后又出现了罗马帝国;随着罗马帝国的灭亡,罗马教皇成为至高无上的权威,并将西欧地区分散的封建邦国连结在一起并形成一个大的基督教政治体系,② 整个中世纪,以基督教普世世界为代表的国家形态占据了统治地位。在王朝国家之前,传统的国家和民族的概念在罗马帝国的扩张、基督教的普及之下荡然无存。到了15世纪末,在资本主义经济和其他社会、政治力量的不断推动下,以英国、法国、葡萄牙等为代表的王朝国家通过对内政治整合得以建立并逐步取代了基督教普世世界,"主权"和"民族共同体"的概念逐渐凸显。一方面,在王朝国家成长初期,国家内部面临着地方割据势力和罗马教会的分离和压迫,同时又不断受到来自国家外部的干涉和威胁。主权国家的独立、君主专制制度的兴起及宗教改革等使战争和武力冲突成为16世纪末到17世纪欧洲国家间关系的最主要特征。例如,1581年,尼德兰北方七省脱离西班牙宣告独立,成立尼德兰联省共和国(荷兰共和国)。在此之后的很长一段时期内,荷兰不断受到西班牙的军事侵略。③ 在这种环境中,"主权"被视作民族国家维护统一和稳定的法宝,正如胡果·格劳秀斯(Hugo Grotius)所说的那样:"主权是不受任何其他权力限制的。"④ 此后,

---

① 中共中央马克思恩格斯列宁斯大林著作编译局编《马克思恩格斯选集(第四卷)》,人民出版社,1995,第166页。

② 李宏图:《西欧近代民族主义思潮研究——从启蒙运动到拿破仑时代》,上海社会科学院出版社,1997,第249页。

③ 杨宏山:《干涉主权论、绝对主权论与限制主权论——关于国家主权的三种不同理论立场》,《世界经济与政治》2000年第3期,第19页。

④ Stephen C. Neff(eds.), *Hugo Grotius on the Law of War and Peace* (New York: Cambridge University Press, 2012), pp.13.

经历三十年战争（1618—1648年），《威斯特伐利亚合约》的签订标志着罗马帝国的"世界国家"观念被"主权国家"所取代，① 国家的主权原则得以确立。另一方面，王朝国家的建立重新开启了塑造民族共同体的进程。在王朝国家存续期间，国家通过不断强化的王权和国家权力对国家内部的人民进行了持续的政治整合，强化民族共同体形成的政治基础；国内资本主义经济的不断发展冲破了封建割据，并逐步形成了统一的国内市场，通过经济整合强化了民族共同体形成的经济基础；文艺复兴运动通过对封建割据势力和基督教会的反对，宣扬人性解放等方式，促进了西欧各国人民的民族情感和民族意识的觉醒和增强，为民族共同体的形成提供了文化基础。王朝国家通过政治整合、经济整合、文化整合逐渐形成一个新的自觉的民族共同体。② 主权和民族共同体的出现使得王朝国家成为现代意义上的主权国家的前提；建立在王朝国家基础上的主权国家，正是在承继和调和民族与主权之间的二元关系的环境中诞生的。

因此，正如国内学者周平所述，现代意义上的主权国家是以民族对国家的认同为基础的主权国家。③ 具体来讲，拥有主权是现代意义上的主权国家的最基本条件。在国际政治领域，主权和国家早已是一组难以分割的概念，主权代表着国家最本质的权力属性。民族认同和国家认同相统一是现代意义上的主权国家的基本特征。民族是一个多层次的概念，从民族与国家之间的关系来讲，它包括次国家层面的民族（如一国内部在某一地域拥有自治权的民族）、超国家层面的民族，以及建立了自己国家的民族（nation）④。而现代意义上的主权国家则需要民族与国家的相互融合，这不单单是形式上的统一，更需要民族认同国家，并主动融入国家的政治形态，将国家视为边界和保障。那么如何去判断一个国家是否是主权国家呢？从国际法层面上讲，主权国家包括四个基本要素，即领土、政权、人口和主权，其中主权是最基本的要素，每个国家的主权都是领土主权、人民主权、政府职权的统一。

---

① 王铁崖主编《国际法》，法律出版社，2005，第36页。
② 周平：《民族政治学（第二版）》，高等教育出版社，2007，第237页。
③ 周平：《对民族国家的再认识》，《政治学研究》2009年第4期，第91页。
④ 高永久、朱军：《论多民族国家中的民族认同与国家认同》，《民族研究》2010年第2期，第27页。

威廉·布莱克斯通（William Blackstone）认为，国家主权必须是专属且排他的权威，主权的基本内容是对领土、国民、内政的统治权，具有至高无上性和独立性。[①] 主权国家对本国的领土、人民享有独占的控制权，对本国的安全和本国人民的幸福负责，但也存在一些国家的主权所有权和主权行使权分离的情况，这其中既包括主权所有者主动授权或让渡主权的行使权的模式（如欧盟），又包括被动分离的模式，即违背主权所有者意愿的分离模式，对于后者来讲，即使拥有表面上的主权行使权，也不是国际法意义上的主权国家。例如，我国的台湾地区就不具有主权所有权，因此，从国际法意义上讲，台湾地区不能成为政府间国际组织的成员国。

第二节 作为代理人的政府间国际组织

在国际组织研究的很长一段时期内，在理论和实践中，国际组织的概念几乎是同政府间国际组织的概念相重合的。随着国际组织样本逐渐丰富，非政府间国际组织数量不断增加，政府间国际组织与非国家主体构成的国际组织在组成成员、运作方式、法律地位等很多方面存在巨大差异。因此，在关于国际组织的研究中，学者们越来越注意将政府间国际组织与非政府国际组织的概念进行区分。由于目前世界范围内关于非政府国际组织的概念仍没有形成比较统一的界定，加之长期以来政府间国际组织与国际组织概念的混同，所以本书所引用的很多文献（尤其是在第二次世界大战结束之前的文献）中，很多关于"国际组织"的表述实际上指的都是"政府间国际组织"，本书出于学术规范和严谨的考虑，也会在必要的地方进行说明。

一、政府间国际组织的产生

早期关于国际组织的定义是和政府间国际组织混同的。例如，《外交辞

[①] William Blackstone, *Commentaries on the Laws of England* (Oxford: Clarendon Press, 1765), pp. 36–71.

典》就指出，国际组织是一种政府间国际组织。① 因此，探讨政府间国际组织的产生很大程度上就是追溯国际组织的起源。自威斯特伐利亚体系建立之后，主权国家一直是国际社会最主要的国际关系行为体。国际组织的历史最早可以追溯到 1814 年在奥地利维也纳举行的维也纳会议（Congress of Vienna）。维也纳会议是一个解决由法国大革命和拿破仑战争所导致的一系列问题的外交会议，它在国家间外交规则、权力制衡体系等方面进行了革新，是欧洲会议制度（Congress System）的最初形式。在此之后，一系列处理重要国际问题的国际会议——"欧洲协调"（Concert of Europe）出现，并成为国际组织的重要雏形。19 世纪末，在荷兰海牙举行的海牙和平会议（Hague Peace Conferences）为现代国际组织的出现起到了重要的导向作用。海牙和平会议在地域上不再局限于欧洲，在表决权上赋予每个参与国家平等的权利。此外，海牙和平会议通过了关于解决国际争端的程序规则，并为国际组织中的成员大会提供了重要的模型。在经历第一次世界大战的惨痛教训之后，总结如何避免悲剧再次发生、追求人类整体安全的和平主义思潮在全球范围内空前泛起，集体安全观念开始被人们所接受，并被付诸实践。政府间国际组织被视作实现国际合作、避免战争和冲突的有效手段。例如，时任美国总统的托马斯·伍德罗·威尔逊（Thomas Woodrow Wilson）就在他的"十四点"议题上提出，要建立一个有特定盟约的普遍性国际联盟来维护集体安全。② 在这一背景下，国际联盟（League of Nations）得以成立，国际组织开始登上国际社会舞台，成为集体安全的代表。国际联盟原则上对所有国家开放，并且其设有国际秘书处（International Secretariat），规定国际秘书处的成员必须尽可能地切断与国家的联系以保持中立，从而服务于联盟的集体利益。第二次世界大战结束之后，在国际联盟的基础上成立了联合国（United Nations）。与国际联盟一样，联合国也设立了国际秘书处，并且拥有更为强大的安全框架，在成员国大会和其附属机构的相互配合下，联合国在

---

① G. R. Berridge and Alan James, A Pictionary of Diplomacy (London: Palgrare Macmillan, 2003), p. 137.

② 周琦、张永义：《从美国霸权看联合国集体安全的悖论》，《当代世界与社会主义》2006 年第 4 期，第 83 页。

国际经济和社会领域也发挥着巨大作用。除此之外，其他形式的国际组织也相继出现，比较有代表性的有美洲国家组织（Organization of American States, OAS）、欧洲煤钢共同体（European Coal and Steel Community, ECSC）等。随着冷战的结束，由两极对抗所造成的国际组织的研究僵局被打破，世界贸易组织、国际货币基金组织等国际组织在促进国家间相互依赖、规范国家在国际投资贸易领域的行为方面发挥了重要作用，这使国家越来越无法忽视国际组织在全球化和国际合法化进程中的重要性。

二、当前国际组织的类型

随着近年来非政府间国际组织的实践发展，国际组织的成员开始从国家扩展到其他非国家行为主体，关于国际组织的定义开始将非政府间国际组织考虑进来。2009年，联合国国际法委员会通过的《国际组织的责任条款草案》第二条明确指出：国际组织是依据条约或受国际法制约的其他文书建立的拥有自己国际法律人格的组织。根据《国际组织年鉴》的统计，截至2016年，世界上国际组织的数量已经由20世纪初的200余个增加到6.2万余个，那么如此数量众多的国际组织到底包含哪些种类呢？

关于国际组织的分类，《国际组织年鉴》出于便于检索的考量，根据组织的级别和状态将现有的国际组织分为三大层级，其中第一层是对现有国际组织的概括性归纳，包括15种国际组织：如由至少3个现存国际组织组成的国际组织联盟（federations of international organizations）、由至少60个成员国或来自至少两个洲的30个成员国组成的普遍成员国际组织（universal membership organizations）等，如表2-1所示。

表 2-1 《国际组织年鉴》关于国际组织的分类①

类型 1②
国际组织联盟（federations of international organizations）
普遍成员国组织（universal membership organizations）
洲际成员国组织（intercontinental membership organizations）
区域性成员会组织（regionally defined membership organizations）
由地区、个人或其他实体产生的组织（organizations emanating from places, persons or other bodies）
特殊形式组织（organizations having special form）
国际性国家组织（internationally-oriented national organizations）
已闲置或已解散的国际组织（inactive and dissolved international organizations）
近期被提议或推荐的国际组织（recently reported or proposed international organizations）
附属性和内部机构（subsidiary and internal bodies）
国家间组织（national organizations）
宗教同盟和世俗机构（religious orders, fraternities and secular institutes）
系列自主性会议（autonomous conference series）
多边协定和安排（multilateral treaties and agreements）
处于非常规状态的国际组织（currently inactive non-conventional organizations）

除《国际组织年鉴》给出的分类方式外，学术界还比较认同的分类方式是通过国际组织的成员将国际组织分为政府间国际组织，如世界银行（World Bank），以及非政府组织，如国际商会（International Chamber of Commerce, ICC）；根据成员分布地域范围，将国际组织分为全球性国际组织，如世界卫生组织（World Health Organization, WHO），以及地域性国际组织，如美洲国家组织；按照国际组织的性质和职能，分为具备综合性功能的一般性国际组织，如联合国，以及限于单一领域宗旨和功能的专门性国际组织，如国际货币基金组织。③ 这三组国际组织类别并非完全分离的，实际上，它们各自之间有很多重合部分。具体来说，政府间国际组织中既

---

① Union of International Associations, *Yearbook of International Organizations* 1, (2018 – 2019), p. xv.
② 这种层次结构可用于帮助确定组织的"国际性"状态或水平。
③ 李滨：《世界政治经济中的国际组织》，国家行政学院出版社，2001，第 8 – 11 页。

有全球性国际组织,又有区域性国际组织;全球性国际组织中既有一般性国际组织,又包含专门性国际组织。例如,联合国就是当今世界最大的全球性、一般性、政府间国际组织,世界银行则是全球性、专门性政府间国际组织,国际商会则是一个全球性、专门性非政府国际组织,而北大西洋公约组织则是一个区域性、专门性政府间国际组织。

三、政府间国际组织的界定

政府间国际组织是国际组织最传统的类型。与政府间国际组织对应的概念是非政府国际组织。之所以将这两个概念进行明确的区分,实际上是基于当前国际组织理论和实践发展的实际需要,因为直到1943年,在国际法领域才有学者正式将"非政府国际组织"作为专业的术语提出。[①] 1950年,联合国首次对非政府国际组织进行界定,指出任何非经政府间协议成立的国际组织都是非政府国际组织。[②] 在此之前,大量关于国际组织的研究成果中,"国际组织"指的就是"政府间国际组织"。

关于政府间国际组织,《国际组织年鉴》给出的定义是:"两个以上国家政府通过签订符合国际法的契约所组成的,以通过成员国合作实现共同目标的,具备常设体系和组织机构的国家联盟或国家联合体。"[③] 从这一定义可以看出,国际社会对政府间国际组织的认定标准是十分严格的,评价一个国际组织是否是政府间国际组织,至少要考量以下两个要素:是否建立在由主权国家达成的国际契约之上;是否有常设的组织机构维持独立运作。

政府间国际组织是建立在两个以上主权国家达成的国际契约之上的。首先,非主权国家关系行为体原则上不可以以政府间国际组织的成员国的

[①] Harold D. Lasswell and Myres S. Mcdougal, "Legal Education and Public Policy: Professional Training in the Public Interest," *Yale Law Journal* 52, no. 2(1943): 203-295.

[②] "Review of Consultative Arrangements with Non-governmental Organizations," Economic and Social Council, accessed October 30, 2023, https://digitallibrary.un.org/record/212457#record-files-co//apse-header.

[③] "Yearbook of International Organizations 1993-1994," Union of International Associations, accessed October 30,2023, http://tind.uipo.int/record/20087.

身份出现,至于如何界定主权国家,已在上一节进行了论述。其次,政府间国际组织的成立需要由国家承认的合法政府或其代表之间达成国际契约,这也是政府间国际组织合法性权威的来源,也是政府间国际组织获得国际法法律人格(legal personality in international law)的基础。1950年2月27日,联合国经济及社会理事会(United Nations Economic and Social Council)在其第288(X)号决议中指出,任何没有建立在国家政府间所达成的契约基础上的国际组织都不是政府间国际组织。① 这种契约通常表现为条约(treaty)或国际协定(international agreement)。通过这些国际契约,政府间国际组织的创始国将权威(authority)授予政府间国际组织,而政府间国际组织则通过授权从主权国家那里获得了相应的权力,具备了国际法上的独立人格。

除此之外,政府间国际组织还需要具备常设的组织机构以维持其日常运行。在国际社会中,政府间国际组织并非主权国家之间通过达成契约进行国际授权的唯一对象,被授权主体不一定要具备像国际组织那样稳定的组织架构,它们甚至可以是临时性的。美国杜克大学教授库尔蒂斯·A.布雷德利(Curtis A. Bradley)和朱迪思·G.凯利(Judith G. Kelley)指出,在国际社会中,主权国家进行国际授权的对象既包括具备稳定的组织架构和组织章程的政府间国际组织,也包括在国际公约框架下的国际会议。由此可见,主权国家政府之间达成国际契约所形成的国际实体并不一定是政府间国际组织。如果没有常设并承担稳定职能的实体机构,这种国际实体也只能算是一个国际会议。通常来说,一个政府间国际组织的内部机构由三个部分构成:立法机构、执行机构和常设行政机构。立法机构一般指的是由全体成员国代表组成的机构,它往往是政府间国际组织的最高权力机构,其主要的职能是负责制定、修改组织的政策、章程等法律性文件,讨论和决定关系到组织生存和发展的重要问题,如联合国大会等。执行机构一般由立法机构选举产生,对立法机构负责,受立法机构监督。执行机构只有部分成员国参加,负责起草和执行最高权力机构的决议、履行组织的职责,并

---

① "Yearbook of International Organizations 2018 – 2019," Union of International Associations, accessed October 30, 2023, https://uia.org/system/files/pdf/v5/2018/front_pages.pdf.

定期向立法机构汇报工作，是国际组织的核心职能部门。常设行政机构主要为组织的正常运转提供所需的管理和后勤服务。常设行政机构的负责人通常由立法机构任命，有一定任期，是政府间国际组织对外活动的代表，如秘书处的秘书长。

第三节　国家对政府间国际组织的授权

国家之所以成为委托人，是因为它对政府间国际组织进行了某项授权，并且拥有撤销这项授权的权利，而政府间国际组织之所以成为代理人，亦是因为它从国家那里获得了有条件的授权，并需要在某种程度上按照国家的要求行事。因此，国家与政府间国际组织"委托-代理"关系的成立和维系都依赖国家对政府间国际组织的授权。

一、授权的定义

国家对政府间国际组织的授权指的是什么？达伦·G. 霍金斯（Darren G. Hawkins）等学者认为，国家对政府间国际组织的授权是指国家通过明示或暗示的契约，有条件地将权威赋予政府间国际组织，并有权随时撤销这一授权的行为。加利福尼亚大学教授安德鲁·T. 古斯曼（Andrew T. Guzman）则认为，国家对政府间国际组织的授权是由被授权的国际关系行为体代为做出决策，从而实现国家收益最大化，并将这些收益在成员国中进行再分配的行为。[1] 布雷德利和乌娜·A. 哈塔瓦伊（Oona A. Hathaway）等学者认为这种授权指的是"两个或两个以上的国家通过国际条约将权威授予国际组织，并由其代为做出决策或行为"[2]。本书采纳布雷德利对授权的定义，认为在"委托-代理"理论下国家与政府间国际组织之间的关系实

---

[1] Andrew T. Guzman and Jennifer Landsidle, "The Myth of International Delegation," *California Law Review* 96, no. 6 (2008): 1693–1723.

[2] Curtis A. Bradley and Judith G. Kelley, "The Concept of International Delegation," *Law and Contemporary Problems* 71, no. 1 (2018): 1–36.

际上指的就是成员国与政府间国际组织之间的授权关系。对于这个定义，有几个需要说明的地方：首先，这里的授权不包括由某一个国家单独做出授权的情况，因为这种授权通常不具有国际性，它更多的是国家战略的延伸。例如，保加利亚曾于2003年授权美国在保加利亚建立军事基地，并授予其军事基地的使用权和飞机着陆权。这种授权虽然看起来具有一定的国际性，但是本质上并不涉及国际合作问题，而本书探讨的是由两个以上的国家作为集体委托人（下文将具体论述）与政府间国际组织之间的互动问题。其次，国家对政府间国际组织的授权链原则上是从国内的授权开始的。例如，选民授权国内立法机构，或者立法机构对执行机关授权，但是本书的分析并不包括国内授权的部分，尽管国家对政府间国际组织的国际授权的确在法律上和政策上都密切关系到国内议题。最后，虽然该定义中国家是授权的施动主体，但事实上国家授权给政府间国际组织的权威内容并非都是国家原本就拥有的权威，其中的一部分权威是国家在对政府间国际组织进行授权的过程中创设的。例如，某些国际司法机构在国家的授权下拥有解决国际争端的权威，但这种权威并非国家固有的权威，也无法由某个国家单独实施，而是相关国家在授权过程中共同创设的。

国家对政府间国际组织的授权不仅是国家与政府间国际组织"委托-代理"关系的构成要件，而且是政府间国际组织最主要的特征之一。首先，授予性权威是政府间国际组织所有权威当中最主要的一种权威。根据巴尼特和芬尼莫尔的观点，国际组织和国家一样，也享有权威，其中最主要的几种权威包括理性合法权威、授予性权威、道义性权威和专家性权威等。授予性权威指的是国家授予国际组织的权威，[①] 而对于政府间国际组织来说，它们的各种行动原则上要在国家授权的范畴内进行。如果政府间国际组织的行动超越了国家授权的内容，那么就会被认为是"越权"行为。因此，它们所具有的权威主要来源于国家的授权。相比之下，很多非政府国际组织也有权实施某些与政府间国际组织相似的行动，但不同的是，除个

[①] Michael Barnett and Martha Finnemore, *Rules for the World: International Organizations in Global Politics* (Ithaca and london: Cornell University Press, 2004), p.10.

别经过国家专门委托的行动外，非政府国际组织的权威并不根源于国家的授权，也无需按照国家的指示行动。其次，国家对政府间国际组织的授权也不同于一般性的国际承诺（commitments），虽然这种授权的很多内容都涉及国际承诺。国际承诺主要指的是国家通过国际契约的方式承诺遵守特定国际规则、程序或国际法的要求，例如，1990年，第45届联合国大会就移徙工人及其家庭成员的权利问题达成《保护所有移徙工人及其家庭成员权利国际公约》（以下简称《公约》）。签署和批准《公约》的国家承诺遵守《公约》的相关规定，保障和尊重移徙工人及其家庭成员的人权和尊严。《公约》下设一个专门委员会，其权威被各个签署或批准《公约》的国家不同程度地接受。虽然，承诺和授权是截然不同的，但是二者经常相伴而生，国家对政府间国际组织的授权往往也包含着很多国际承诺，包括承诺遵守政府间国际组织所做出的决策或行动等。最后，国家通过授权政府间国际组织的方式进行合作也区别于一般的国家间合作形式，因为这种由多国代表集会讨论和拟定合作条约的多国会议虽然最终也会颁布一个或多个条约，但由于这样的多国会议并没有获得代表缔约国做出决策和行动的权威，因此最终形成的条约或协定只能够代表那些赞成国的意见，而非参会国集体的意见。

二、授权的类型

不同国家对授权的需求不同，意味着它们对政府间国际组织授权的内容也有所不同。通常，国家对政府间国际组织的授权内容会载于成立这个政府间国际组织的国际契约文件当中。例如，《联合国宪章》就基本囊括了国家对联合国各个组织机构的授权内容。借鉴布雷德利等学者对国际授权的分类，本书按照国家对政府间国际组织授权的内容，将国家对政府间国际组织的授权划分为六种主要的类型：立法型授权、裁判型授权、监督和制裁型授权、议程设定型授权、研究与建议型授权、政策执行型授权。[1]

---

[1] Curtis A. Bradley and Judith G. Kelley, "The Concept of International Delegation," *Law and Contemporary Problems* 71, no. 1 (2008): 1–36.

立法型授权意味着国家授权政府间国际组织制定和修改条约、章程等法律性文件，以及颁布具有法律约束力的指令的权力。例如，世界贸易组织有权以四分之三的赞成票通过对世界贸易组织各项贸易协定有约束力的解释。同样地，《联合国宪章》也可以在三分之二成员国表决通过，并且安理会常任理事国没有否决票的情况下进行修订。此外，很多享有立法型授权的政府间国际组织及其机构有权对它们的成员国就特定的议题发布有约束力的文件或指令。例如，欧盟可以对欧盟成员国颁布有约束力的指令；联合国安理会则可以就和平与安全问题对成员国做出约束。获得立法型授权的政府间国际组织不仅可以要求国家遵守特定规则，还可以通过再授权使国家的一些行为合法化。例如，根据《联合国宪章》，除了进行合法自卫，成员国不可以对其他国家使用武力，但是联合国安理会有权授权特定国家使用非防御性武装力量。

裁判型授权主要是指国家将争端的裁判权授予政府间国际组织，使其能够就国家间的争端做出判决。但这种判决并非都具有约束力，拥有裁判型权威的政府间国际组织很多时候也可以提供非约束性的法律咨询意见，或者发挥调解职能。例如，国际法院有权就成员国提出的争端进行判决，同时也会为成员国提供法律咨询意见等。此外，具有裁判权的政府间国际组织所做出的裁决并不像国内审判机构那样具有强制执行效力。例如，2009 年国际刑事法院（International Criminal Court）曾以战争罪与反人类罪对当时的苏丹总统巴希尔发出通缉令，此后又于 2010 年判决巴希尔构成种族屠杀罪，并再次下达逮捕令，但是这个指控受到了苏丹、非盟国家的强烈反对，国际刑事法院始终没有成功逮捕巴希尔。再如 2015 年 6 月 14 日，南非比勒陀利亚高等法院曾根据国际刑事法院的要求签署临时禁令，禁止前来参加约翰内斯堡非盟峰会的巴希尔离开南非，但南非政府因巴希尔享有外交豁免权而拒绝执行，结果遭到该机构及部分西方国家的指责。

监督和制裁型授权指的是政府间国际组织获得的采取措施监督和强制国家遵守国家承诺的授权。这种授权在本质上是为了促进国家对国际承诺和国际义务的执行。为了达到这一目标，政府间国际组织可以收集和调查相关国家对承诺义务的执行状况，也可以就相关国家违背承诺义务的行为做出反应，包括取消成员国的某些既有权利或福利，进行经济制裁、军事制裁（目前只有安理会有权进行），等等。例如，禁止化学武器组织（Organisation for the Prohibition of Chemical Weapons）就被授予了监督成员国遵守《禁止化学武器公约》（全称为《关于禁止发展、生产、储存和使用化学武器及销毁此种武器的公约》），禁止它们进行化学武器的生产、储存和使用的权威。禁止化学武器组织可以对成员国行使调查权，对成员国进行强制性的现场视察，并要求成员国销毁其管辖和控制下的化学武器和化学武器生产设施。虽然，从国际法意义上讲，有监督和制裁权的政府间国际组织可以对成员国的行为行使执行权，但实践中，政府间国际组织对成员国的强制执行通常是软性的，即通过间接的方式敦促国家守约，又或者即使一些政府间国际组织在法律上享有硬性制裁权，但是它们并没有国内政治中的暴力机构来保障制裁的实施。

议程设定型授权指的是国家授予政府间国际组织设定并控制政府间国际组织本身及成员国议程的权力，它既包括提出议程供立法者审议的权力，也包括将特定议题排除在议程之外的权力。[1] 议程设定又分为正式议程设定和非正式议程设定两个方面。正式议程设定是指直接、主动发起影响政府间国际组织乃至成员国国内立法性议程的权力。例如欧盟委员会（European Commission）有权在欧盟当中发起立法提案；国际劳工组织（International Labour Organization）有权要求其成员国必须制定和实施符合公约的国内法律法规或行动。当然，政府间国际组织设定正式议程的能力也受规范提案的制度规则、表决规则、条约的修订规则及不同主体之间利益偏好的分布状况等因素的影响。比方说，欧洲委员会虽然有提案权，但是如果提案涉及成员国的重大利益，那么该提案就需要先经过欧洲议会的协商，再经欧洲理事会一致表决才可以通过。因此，很多时候虽然政府间国际组织拥有提案的权力，但这并不等同于议程设定。与正式议程设定对应的就是非正

---

[1] Mark A. Pollack, "Delegation, Agency and Agenda Setting in the European Community," *International Organization* 51, no.1(1997): 99–134.

式议程设定,它指的是通过定义问题领域,间接地推动实质性议程的提出,并最终影响决策者的能力。约翰·W. 金登(John W. Kingdon)指出,在很多情况下,针对某个议题,决策者面临的问题并非是没有解决方案,而是对于同一个议题可能会有多种备选方案,只不过缺少一个客观的路径或标准来选择哪个方案更加合适。这个时候,有议程设定权的政府间国际组织可以通过"确定问题领域→指出具体的备选方案→提出每个方案中可能包含的不确定因素"的方式引导或暗示决策者做出选择。① 尤其是在决策者处于信息不完善的环境中时,他们更容易围绕政府间国际组织所提出的问题焦点展开讨论。

研究与建议型授权是指国家授权政府间国际组织在特定领域收集相关信息,并据此提供相关意见、建议或解释的权力。例如,世界银行就可以收集有关国家的经济统计数据,并将所收集的原始数据汇总形成特定的政策问题,提供给成员国。再如1988年联合国与世界气象组织签署成立的政府间气候变化专门委员会,负责对全球现有的关于气候变化的最新知识和技术进行评估,并向联合国和世界气象组织的成员国提供相关报告。在很多情况下,国家对政府间国际组织的授权动力主要源自国家对信息的需求,国家任何政策的制定都需要与此相关的信息,而国家间合作的失利通常也归因于对信息的缺乏。拥有研究与建议型授权的政府间国际组织能够为国家提供难以单独收集的专业化信息。此外,由于政府间国际组织是比较中立的第三方,它们所提供的信息往往要比个别国家所提供的更具有可信性。

政策执行型授权是比较常见的一种授权,它主要是指国家授权政府间国际组织执行国家间已达成合意的项目或计划的权力。例如,世界银行、国际货币基金组织、世界卫生组织及联合国都有权执行成员国之间已经达成的合作项目。政策执行型授权是解决国家间合作"搭便车"问题的有效途径,因为国家的合作本质上是一种资源的集中和共享,而当国家从集中的资源中获益时,往往会给提供较多公共产品的一方造成负担,使国际合作的成本和收益无法在国家之间被平衡地分配。而通过对政府间国际组织

---

① John W. Kingdon, *Agendas, Alternatives, and Public Policies* (London: Longman 2003), p.188.

的授权，可以优化公共资源的配置，通常是克服搭便车问题的重要手段。①

当然，国家对政府间国际组织的授权类型包括但不限于上述的六种主要的类型。例如，国家还可以授予政府间国际组织"再授权"的权力，即允许政府间国际组织授权其他的国际关系行为体。这些行为体可以是政府间国际组织内部的机构，也可以是其他国际组织。最具代表性的就是联合国与各种非政府组织等国际关系行为体签署分包合同，将授权任务委派给它们，同时，联合国还有权成立专门的委员会或工作组，处理特殊问题。此外，国家对某个政府间国际组织的授权既可以是某一个特定类型，也可以包括多种类型。例如，国家对国际刑事法院的授权主要是以裁判型授权为主，但是对联合国的授权则几乎包括上述所有类型；又如对联合国国际法院的裁判型授权、对安理会的监督和制裁型授权等等。

本章小结

"委托-代理"理论下国家与政府间国际组织的互动关系分析首先是以关系的成立为前提的，国家与政府间国际组织"委托-代理"关系的成立需要具备三个要件：作为委托人的国家、作为代理人的政府间国际组织，以及国家对政府间国际组织的授权。"国家"一词有着悠久的历史，不同的时期、不同的学科对国家的定义是不同的。在"委托-代理"理论下，有权对政府间国际组织授权并成为其成员国的国家指的是以民族对国家的认同为基础的现代意义上的主权国家，从国际法层面上讲，应当具备领土、政权、人口和主权四个要素，其中主权是核心要素。作为代理人的政府间国际组织是所有国际组织中最早出现的类型。政府间国际组织是在国家间达成的国际契约的基础上成立的，它具有所有国际组织的普遍特征，即需要有特定的组织机构；拥有国际法律人格，能够独立地享受权利，承担义务；符

---

① Kenneth W. Abbott and Duncan Snidal, "Why States Act through Formal International Organizations," *Journal of Conflict Resolution* 42, no.1(1998): 3-32.

合国际法的相关规定。而政府间国际组织区别于其他种类国际组织的最重要特征就是其成员只能是现代意义上的主权国家。除了委托人和代理人的主体要件，国家与政府间国际组织"委托-代理"关系的成立还需要国家对政府间国际组织的"授权"。国家的授权是政府间国际组织权威的最初和主要来源。国家对政府间国际组织的授权的类型多种多样，不同类型的授权所包含的权威内容和程度都是不同的，它建构和维系着国家与政府间国际组织的关系。当国家终止这种授权时，也意味着国家与政府间国际组织"委托-代理"关系的结束。

第三章 "委托-代理"理论下国家与政府间国际组织的互动关系的研究纲领及特征

一个理论区别于其他理论的关键，在于它的研究方法。以"委托-代理"理论为基础所构建的关于国家与政府间国际组织互动关系的"委托-代理"研究纲领，有其特有的、与其他理论不可通约的核心假定和辅助性假定。这些内容有助于我们观察到"委托-代理"理论下国家与政府间国际组织的互动关系的主要特征和规律。

第一节 "委托-代理"理论下国家与政府间国际组织的互动关系的核心假定

如前文所述，任何一个研究纲领的核心假定构成它的"硬核"。"硬核"是不可反驳的，这意味着任何运用"委托-代理"研究纲领进行分析的问题，都必须接受纲领的核心假定：委托人和代理人都是理性的"经济人"，他们之间存在信息不对称。因此，"委托-代理"研究纲领下国家与政府间国际组织关系的核心假定也必须遵循"委托-代理"研究纲领的"硬核"，这体现出"委托-代理"理论关于国家与政府间国际组织的互动关系的核心观点。

一、核心假定1：国家是理性的委托人

国家是有权决定授权和撤销授权的委托方。在国际社会层面，国家对政府间国际组织的授权要比国内政治层面的授权谨慎得多，这主要是因为根据"委托-代理"理论关于委托人的理性"经济人"假设，作为委托人的国家也是理性的行为主体。

关于国家是一个理性的行为主体的假定，"委托-代理"理论与既有的国际关系理论达成了普遍共识。它们均认为，在国际社会的无政府状态下，国家需要客观地将互动中可能出现的结果进行等级排序，从中选择出自身的利益偏好，并根据情势适当调整行为，尽可能地实现自身利益的最大化。只是"委托-代理"理论对国家拥有的理性的程度和性质与主流国际关系理论存在一些不同。

理性主义被马丁·怀特视为国际关系思想史的三大传统之一。传统理性主义视角下的国家理性是先验的、抽象的，强调主观的、应然的合理性。第二次世界大战结束之后，强调通过对客观历史事实的归纳和经验总结，追求"实然"、科学、精确的工具理性成为20世纪70年代后新现实主义理论和新自由主义理论的重要基础。结构现实主义强调国家是有限理性的主体（有限意味着它们的利益和身份是外生的），并将理性地追求个体利益的最大化作为分析国际政治的起点。国际社会中所有国家都是具有相同理性的主体，因此在国际关系领域，所有的均衡结果本质上都是源自每个国家对利益最大化的追求。正如肯尼思·华尔兹所说的那样，在国际社会这样的竞争舞台上，不熟练者会为他们的不称职付出代价，这足以推动大部分行为主体做出理性行为。① 在对国家理性的认知方面，新自由主义和结构现实主义并无本质上的差别，它们都遵从工具理性主义、利己主义、功利主义的逻辑，强调国际社会的无政府状态是给定的外生因素，而国家的理性是在给定环境中追求可能的最大化利益的有限理性。用赫伯特·西蒙的观点来说，有限的理性追求的不是最大化的结果，而是最令人满意的备选行为方案。② 不同的是，结构现实主义认为国家的理性受到国际体系结构的制约，而新自由主义认为，国家的理性受到国际制度的制约。随着两极格局的解体、经济全球化的发展，以温特为代表的建构主义学者倡导国际关系研究中人性的回归，但与价值理性不同的是，建构主义被建立在行为理性，或者说是实践理性的基础上，关注人理性中所包含的社会性和能动性，从实践的角度分析人和客体对象之间的关系，强调整体和个体之间的调和，以及个体通过主观能动性和互动实践对客体的改造。③ 建构主义否定了工具理性主义，认为国家的理性是后验的、不断变化的。可以看出，主流国际关系理论对国家理性的认知和研究视角虽然有很多不同，但它们并没有超

---

① 罗伯特·O. 基欧汉主编《新现实主义及其批判》，郭树勇译，北京大学出版社，2002，第302页。
② 赫伯特·西蒙：《管理行为——管理组织决策过程的研究》，杨砾、韩春立、徐立译，北京经济学院出版社，1988，第74页。
③ 刘力：《试论西方国际关系理论演进的理性主义基础》，《世界经济与政治》2006年第7期，第24页。

越或推翻国家作为理性主体的假定，以此为逻辑起点可以避免在理论应用的时候产生无休止的倒推问题。

"委托-代理"理论关于国家理性的认知继承了新古典经济学的经济人假设，认为国家有自己固定的偏好，而实现个体利益最大化是国家行动的目标。对于理性的国家来说，任何政治行动本质上都是集体行动的过程，也是通过策略计算最优化结果的过程。在这一过程中，集体行动的困境导致国家不一定能实现利益的绝对最大化，但国家的理性一定会促使其达到次优结果，或特定环境中的最优结果，而制度存在的根本原因就是国家认为能够从该制度中获得比其他制度更多的收益。① 简单来说，"委托-代理"理论认为，国家的理性表现在用结果解释原因、用收益解释支出的理性选择因果路径之上。国家的行为是选择的结果，而选择的标准就是尽可能地实现利益最大化。这种观点接近理性选择制度主义，又在很大程度上与新功能主义相似。但是，相比于传统国际关系理论，"委托-代理"理论对国家理性的假设存在一些明显的差别：第一，"委托-代理"理论不像结构现实主义和新自由制度主义那样认为国家的理性是外生的，"委托-代理"理论强调国家的理性是国内层面和国际层面的"双层次博弈"的结果，② 国家对政府间国际组织的授权是国内主体偏好积累和理性选择的结果，是国内授权的延伸。第二，"委托-代理"理论也不预设国家的理性完全受物质（或文化）利益驱使，认为利益、信息和制度填充着国家理性。自利是国家决策和行为的基础，为了追求自身的利益，国家需要在与其他行为主体的战略互动中约束其他主体的偏好，并获取足够的信息以减少环境中的不确定因素带来的互动成本，而制度既可以有效地约束互动主体的自利行为，又可以通过提供共享信息和改善信息质量，汇聚共同预期，降低交易成本。因此，在"委托-代理"研究纲领下，理性的国家通过信息和制度预测其他参与者的行为，并对自己采取不同策略的可能结果进行比较，以自身利益

---

① 彼得·卡赞斯坦、罗伯特·基欧汉、斯蒂芬·克拉斯纳主编《世界政治理论的探索与争鸣》，秦亚青、苏长和、门洪华，等译，上海人民出版社，2006，第156－157页。
② 曲博：《偏好、制度与国际政治经济学研究》，《外交评论（外交学院学报）》2006年第5期，第104页。

最大化为标准做出选择。①

二、核心假定2：政府间国际组织是理性的代理人

"委托-代理"研究纲领下的政府间国际组织是拥有自主性（autonomy）和独立利益偏好的理性行为主体，这是影响国家与政府间国际组织"委托-代理"关系结果的关键变量。

"委托-代理"理论认为，在所有"委托-代理"关系中，代理人和委托人一样，也是理性的主体，它们拥有独立于委托人的偏好，并有扩张自身偏好的倾向。在"委托-代理"研究纲领下，政府间国际组织作为一个理性的行为主体，同样有独立于国家的偏好，并且也有能力在国家的影响和控制之外追求自身的利益和偏好，这集中体现在政府间国际组织对自主性的追求上。政府间国际组织的自主性分为政治独立性（political independence）和制度独立性（institutional independence）。② 所谓的政治独立性，是指政府间国际组织的决策过程对它的创始国、成员国及国际社会中其他行为主体的不可渗透性（impermeability）。政府间国际组织拥有政治独立性的基础在于它在国际法意义上是一个拥有独立法律人格的行为主体，而拥有独立的法律人格意味着政府间国际组织享有行动自主权和言论自由权。政府间国际组织自主性的另一个层面是制度独立性。它是指政府间国际组织不受外部制度干涉的能力。这种能力决定了政府间国际组织能够在多大程度上建立区别于一般性国际法秩序的独立法律秩序。制度独立性越强，政府间国际组织就越能够在不受国际社会广泛限制的情况下自主地行使其职能。需要强调的是，政治独立和制度独立并不是严格区分的两个层面，相反地，两者是紧密联系且彼此渗透的两个方面。政府间国际组织在制度上的独立性往往会强化其在政治上的独立性，同样地，政府间国际组织在政治上的渗透性通常也会弱化其制度独立性。

---

① 彼得·卡赞斯坦、罗伯特·基欧汉、斯蒂芬·克拉斯纳主编《世界政治理论的探索与争鸣》，秦亚青、苏长和、门洪华，等译，上海人民出版社，2006，第369-371页。

② Jean d'Aspremont, "The Multifaceted Concept of the Autonomy of International Organizations and International Legal Discourse," in *International Organizations and the Idea of Autonomy*, ed. Richard Collins and Nigel D. White（New York：Routledge Press, 2011）, pp.63-64.

作为实在的组织机构,政府间国际组织的自主性是政府间国际组织有效实施代理任务的必要条件。这里需要注意的是,追求自主性是政府间国际组织理性的表现,它是内生于政府间国际组织本身的偏好,因此,它和国家授予的自由裁量权(discretion)是不同的。政府间国际组织从国家那里获得有条件的授权之后,便拥有一种自由裁量权。这种自由裁量权是委托人和代理人之间契约的最显著特征,且经常被用作自主性的同义词,因此,将这两个概念进行简单的区分是必要的。自由裁量权服务委托人的特定目标。它指的是为了完成这一目标,委托人允许代理人在特定维度内自由活动的一种授权方式。因此,可以将自由裁量权理解为政府间国际组织的外生性权力,自由裁量权的大小取决于国家委托人的授权的范围,但是拥有一定的自由裁量权是政府间国际组织完成国家授权任务的必需品。之所以自主性和自由裁量权的概念容易混同,是因为如果代理人拥有较大的自由裁量权,往往也意味着他们有更多的自主性,但也并不总是这样。具体来说,如果一个委托人将较大的自由裁量权赋予代理人,但同时国家委托人又对它们设计了严格的控制机制,那么政府间国际组织可能就会表现出拥有较小的自主性。例如,联合国驻伊拉克武器核查人员在巡查和收集证据方面享有相当大的自由裁量权,但由于美国和安理会其他成员国的不断施压和控制,他们最终几乎没有自主权。这是因为,自由裁量权是国家在与政府间国际组织的合同中主动设计的,而自主性是政府间国际组织本身的特质,[①]是政府间国际组织的自治能力和脱离成员国控制的倾向,是一种会为了生存、财政预算和组织规模的扩张而竞争且独立于成员国的偏好。国家赋予政府间国际组织较大的自由裁量权,实际上就是允许政府间国际组织在更大的范围内实践和运用它的自主性。因此,当政府间国际组织拥有较大的自由裁量权时,它们就更容易表现出自主性。但是,如果国家同时强化对政府间国际组织的控制机制,那么就会限制它们的自主性。

作为理性的行为主体,政府间国际组织拥有独立的利益偏好,并希望能够实现自身利益最大化。因此,对于政府间国际组织来说,它们最优先

[①] Darren G. Hawkins, David A. Lake, Daniel L. Nielson and Michael J. Tierney, *Delegation and Agency in International Organizations* (New York: Cambridge University Press, 2006), pp,8.

和最重要的关切并不是实现国家的利益,而是追求自身的利益。政府间国际组织一旦成立,便具有脱离国家利益偏好和控制的倾向,而这种利益往往和国家原本的希望相背离。因此,政府间国际组织并不总是按照成员国最初的要求行事,它们的这种行为趋向有的时候会表现为有损委托方利益的消极行为,也就是所谓的代理懈怠,即政府间国际组织违背成员国意愿并对成员国利益造成损害的独立行动。代理懈怠通常以两种主要形式出现:一种是逃避责任,即政府间国际组织将其为完成成员国委派的任务所做的努力减到最小;另一种是转移偏好(slippage),即政府间国际组织的行为取向从成员国所希望的结果转向自己的偏好。代理懈怠会导致委托方的代理损耗,并增加委托方的代理成本(agency costs)。[①] 但是,需要指出的是,政府间国际组织的理性并不必然导致对国家利益的损害,因为政府间国际组织的利益并不总是和国家的利益相背离。在国际社会这样一个复杂且利益交错的环境中,无论是国家还是政府间国际组织,它们的利益偏好都不可能是一成不变的,两者或许可以在某些特定的议题上达成一致。此外,政府间国际组织还可以运用它们的自主性影响和改变国家的决策动机与行为,从而改变国家最初的偏好。从这个层面上说,政府间国际组织的自主性和代理懈怠之间有微妙的区别。自主性既可能有利于委托人,也可能削弱委托人,而懈怠则是实际的不利于委托人的行为。

三、核心假定3:国家与政府间国际组织之间存在着信息不对称

"委托-代理"理论认为,在委托人和代理人之间存在着由于信息不对称导致的"麦迪逊困境"。用D. 罗德里克·基威特(D. Roderick Kiewiet)和马修·D. 麦库宾斯(Mathew D. McCubbins)的话来说,就是"委托-代理"关系在给委托人带来额外收益的同时,也必然会存在一定的"副作用"。[②] 对于国家来说,政府间国际组织可以为它们提供制定政策所必需的

[①] D. Roderick Kiewiet and Mathew D. McCubbins, *The Logic of Delegation: Congressional Parties and the Appropriations Process* (Chicago: University of Chicago Press, 1991), p. 27.

[②] D. Roderick Kiewiet and Mathew D. McCubbins, *The Logic of Delegation: Congressional Parties and the Appropriations Process* (Chicago: University of Chicago Press, 1991), p. 5.

重要信息来源。在国际社会中，主权的边界和信息的跨国性使得单一国家搜集和获取大量准确、高质量公共信息的能力捉襟见肘。而政府间国际组织所具有的跨国信息网络，专业化的信息收集和处理团队，搜集、处理、分析信息的丰富经验和能力，以及定期、制度化的信息发布机制，恰好可以满足国家对信息的需求并弥补国家获取信息的能力上的不足。[①] 这是国家选择通过授权政府间国际组织来实现国际合作的主要原因之一。但同时，政府间国际组织的这种信息优势也恰恰是它们用来增强自身自主性，以及实施投机行为的主要手段。在"委托-代理"研究纲领下，政府间国际组织是理性的利己主义者，政府间国际组织拥有为国家提供信息的能力，同时也会利用各种可能的条件实现自身利益最大化。因此，我们有理由相信，在缺乏权力指涉对象有效监督的情况下，作为一个理性且自利的行为体，如果提供特定的信息将有损政府间国际组织的利益，那么政府间国际组织就会向国家隐匿相关信息。当然，作为委托人的国家可以设计预测、监督和控制政府间国际组织行为的机制，减少因为信息不对称所造成的代理问题。例如，国家可以在与政府间国际组织的合同中事先规定政府间国际组织的活动范围、应当遵循的法律规范和程序，降低政府间国际组织做出机会主义行为的可能性。国家还可以通过正面激励和负面制裁的方式影响政府间国际组织的行为。例如，修改对政府间国际组织的授权内容，甚至撤销对政府间国际组织的授权。

如果这些监督和控制机制没有成本，那么国家会尽最大的可能控制和监督政府间国际组织，使其尽可能诚实地向国家提供信息。然而，现实情况是这些控制和监督并不是没有代价的，对政府间国际组织实施全面的监督和控制是代价高昂的，且很有可能会超出授权的收益，而作为理性主体的国家只有在监督和控制成本小于其所减少的代理损耗之和的情况下，才会实施这些监督和控制程序。这也就意味着国家与政府间国际组织之间的信息不对称是始终存在且不可避免的。但是这种信息不对称不必然导致授权的失败，也不意味着对政府间国际组织授权不是国家间合作的最佳选项，

---

① 刘宏松：《国际组织与非传统性公共安全问题的国际治理》，《理论与改革》2005年第6期，第42页。

它只是对授权的成本和收益产生影响。信息不对称的程度越高,国家的监督成本就越高,而当国家所设计的控制机制为代理人提供不利于委托人偏好的动机和条件时,就会强化国家与政府间国际组织的信息不对称,鼓励代理人的投机行为,促使其以牺牲委托人的利益为代价,追求自身的利益。

第二节 "委托-代理"理论下国家与政府间国际组织的互动关系的基本辅助假定

在传统的"委托-代理"模型中,委托人和代理人都是理性的"经济人",他们之间的信息不对称会导致代理人的机会主义行为,使代理人表现出逃避责任等问题。因此,对于委托人来讲,如何在不失去控制的情况下进行授权,通过制度约束和对抗代理人的投机行为是分析"委托-代理"关系的关键。基于这一逻辑,最初运用"委托-代理"研究纲领分析国家与政府间国际组织关系的成果认为,作为委托人的国家掌握着控制其与政府间国际组织关系的主动权,国家决定着是否授权政府间国际组织,以及如何有效对抗政府间国际组织必然会出现的机会主义行为。因此,在这一研究框架下,国家与政府间国际组织关系的分析聚焦于两个主要的问题:"国家为什么对政府间国际组织授权",以及"国家如何有效地控制政府间国际组织"。

一、国家为什么对政府间国际组织授权

作为理性行为主体的国家,在国际社会中实现自身利益的方式有很多种。它们既可以采取单边主义行动,也可以直接通过签订双边或多边协议与其他国家进行合作,授权一个政府间国际组织并非唯一的方式。那么,要了解国家为什么对政府间国际组织授权,我们首先需要知道除了对政府间国际组织授权外,国家还有哪些替代性行为方案,国家对政府间国际组织的授权必须充分解释国家为什么不选择其他的可替代方案。在国际社会中,国家实现利益的方式有很多种,合作并非国家的必选项。而在国际合

作中,对政府间国际组织授权也非唯一方式。霍金斯等人将国家在国际社会中实现自身利益的行为分为三大类:(1)单边行动(unilateralism);(2)一般性国际合作(standard international cooperation);(3)授权国际组织(delegation to IOs)。国际授权决策树如图 3-1 所示。

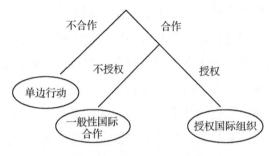

图 3-1 国际授权决策树[①]

通过单边行动追求自身利益是国际社会中实力较强的国家经常采取的方式。在单边行动中,国家根据自身的利益偏好设计行动,无需过多考虑其他国家的行动意愿或做出政策协调。虽然很多单边行动常常受到国际社会的指责,如美国发动阿富汗战争等,但实际上国家在处理很多对外事务上,出于本国利益的驱使,或多或少都会采取一些单边行动。在一般性国际合作中,各个合作方之间在考虑自身利益的同时,也要根据其他国家的利益需求,调整合作的政策。通常的国际合作没有特定的形式,合作既可以通过具有约束力的双边、多边条约达成,也可以通过非正式的协议实现,但是在这些合作中,合作都是由各个合作方自己执行的,而非将权力授予第三方。例如,美国与苏联于 1991 年 7 月签订的《削减战略武器条约》(*Strategic Arms Reduction Treaty*, START),这是美苏旨在减弱和限制战略进攻型武器的双边合作条约,条约签订的五个月后,苏联解体,于是美国又与解体后的武器继承国俄罗斯、白俄罗斯、哈萨克斯坦及乌克兰在里斯本签署《里斯本议定书》作为《削减战略武器条约》的附加条约。1993 年 1 月,美国与俄罗斯再次于莫斯科签署《第二阶段削减战略武器条约》作为

---

① Darren G. Hawkins, David A. Lake, Daniel L. Nielson and Michael J. Tierney, eds. *Delegation and Agency in International Organizations* (New York: Cambridge University Press, 2006), p.11.

苏联解体后美苏第一阶段《削减战略武器条约》的后续。在这一双边条约下，合作各方削减战略武器的行动要由各方自己执行并接受对方的监督。条约规定了一套严格的核查制度，包括现场核查和卫星核查。为此，美国曾将其根据条约拆解的轰炸机放在原地长达三个月，目的就是使俄罗斯的卫星能够充分地核查到美国销毁战略武器的证据。通过这个例证可以看出，一般性国际合作方式是目前比较普遍的国际合作形式，合作的达成主要通过签署国际协议，但是由于合作的执行由各方自己实施，这就意味着各国为了维系合作，需要在合作的整个过程中持续地投入成本。除了一般性国际合作方式，很多国家也会寻求第三方的帮助来实现国际合作，即国家协商一致制定一个统一的政策，然后将实施这一政策的权力委托给一个非国家行为主体（包括政府间国际组织），这就是国际合作决策树的第三个分支——授权。当然，国家选择委托一个政府间国际组织之前也需要就为什么授权、授权给国际组织什么任务，以及如何控制国际组织等问题达成一致。这在很大程度上解释并决定着国家对政府间国际组织授权的益处。

可以看出，"委托-代理"理论需要回答：国家为什么及在什么情况下会选择通过成立并授权政府间国际组织，而不是选择其他方式实现国家利益？对政府间国际组织授权的好处是什么？[①] 有学者根据国内政治研究的"委托-代理"理论经验指出，国家通过授权政府间国际组织实现国际合作主要是因为国家不具有完成特定任务的能力。[②] 然而，在国际社会中，很多国家，尤其是有实力的大国，很多时候是可以通过单边行动完成它们授权给国际组织的任务的（至少是部分任务）。如果非要通过国际合作，那对国际组织授权也不是唯一的方式。那么，是什么促使国家牺牲一定的利益、达成授权的合意呢？"委托-代理"理论采取功能主义的观点从成本与收益的角度给出了答案：当国家认为授权的收益要大于国家为此需要付出的成本时，就会提高国家对政府间国际组织授权的可能性。授权的收益越大，

---

① 张建宏、郑义炜：《国际组织研究中的委托代理理论初探》，《外交评论（外交学院学报）》2013年第4期，第146页。

② David L. Epstein and Sharyn O'Halloran, "Administrative Procedures, Information, and Agency Discretion," *American Journal of Political Science* 38, no.3 (1994): 697-722.

国家就越会倾向于授权,并且对授权后产生代理问题的容忍度也越高。"委托-代理"理论认为,任何制度设计都存在其固有的不确定性,所以任何制度的选择都可以用其在实施过程中的功能和影响来解释原因。例如,在石油钻井行业,预期收益的增加是导致对这个行业追加投资的原因,而在国际制度选择的各个结果都不确定的情况下,选择对政府间国际组织授权的预期收益,解释了国家授权的原因。

二、国家如何有效地控制政府间国际组织

国家对政府间国际组织的授权成立之后,就出现另一个问题,即国家应当如何控制政府间国际组织,减少因其自主性导致的投机行为。"委托-代理"理论排除了国家与政府间国际组织的关系的两种极端情况,为研究授权成立后国家与政府间国际组织关系的可变性提供了基本的前提:首先,政府间国际组织并非完全或近乎完全处于国家的掌控之下的;其次,政府间国际组织也并非建构主义、"逊位假说"(the abdication hypothesis)所认为的那样,一旦成立就完全脱离了国家委托人的约束,成为决策的核心。[1]

"委托-代理"理论认为,国家在面对政府间国际组织固有的自主性时并不是无能为力的。相反,国家在对政府间国际组织进行授权时,可以采取各种控制和监督机制,以限制和约束政府间国际组织的活动范围,降低政府间国际组织做出投机行为的可能性。一方面,国家可以通过有条件的授权事先确定政府间国际组织的活动范围、应遵守的法律和程序,缩小政府间国际组织发挥自主性的空间。另一方面,成员国可以通过监督程序获取关于政府间国际组织的信息,从而减轻国家与政府间国际组织之间的信息不对称,并根据政府间国际组织投机的程度和所造成的损失,对其进行制裁。虽然国家通常会选择不引人注目的形式对政府间国际组织进行监督和控制,但是国家对政府间国际组织的控制机制是影响国家与政府间国际组织关系的主要变量。正如马克·波拉克所说的那样:"一个特定的国际组

---

[1] Mathew D. McCubbins and Thomas Schwartz, "Congressional Oversight Overlooked: Police Patrols versus Fire Alarms", in *Congress: Structure and Policy*, ed. Mathew D. McCubbins and Terry Sullivan(New York: Cambridge University Press, 1987), pp.409 – 425.

织的自主性关键取决于由成员国所建立的控制机制的有效性和可信性,而这些控制机制会因为不同的对象、不同的问题领域,以及随着时间的推移,导致国际组织不同程度的自主性。"①

"对抗代理人"(anti-agent)模型是"委托-代理"研究纲领在国际组织研究领域的最早运用,它以对国家与政府间国际组织的理性假设为基础,并将国家对政府间国际组织的控制机制作为分析两者关系变化的主要变量,构建了一个相对完整的成员国与政府间国际组织之间关系的分析框架。但是这一研究框架将国家和国际组织都视为"黑匣子",忽视或过度简化了国家与政府间国际组织关系微观层面的很多具体问题,进而难以解释国家的控制机制到底是如何发挥作用的?它们的成本受到哪些因素影响?政府间国际组织作为代理人,在国家控制机制不完善的情况下会如何发挥自主性?

第三节 "委托-代理"理论下国家与政府间国际组织的互动关系研究的新"保护带"

研究纲领的"保护带"是由从属于"硬核"的一系列可变的辅助假定组成的。"保护带"是研究纲领中的可变部分,它的变化反映出研究纲领内部根据保护"硬核"的正面启发和拓展"硬核"的负面启发对分析框架的调整。"委托-代理"研究纲领被运用于分析国际组织问题及国家与国际组织的关系问题是最近 20 年的事情。在这段时间内,应对研究中出现的理论和经验反常,"委托-代理"理论下国家与政府间国际组织的互动关系研究经历了两次主要的"问题转换":第一次"问题转换"逐渐开始关注国家作为集体委托人本身的偏好和行为对国家与政府间国际组织关系的影响;第二次"问题转换"开始揭开政府间国际组织的"面纱",关注政府间国际组织的内部特征对国家与政府间国际组织关系的影响。

---

① Mark A. Pollack, "Delegation, Agency and Agenda Setting in the European Community," *International Organization* 51, no.1(1997): 99–134.

一、国家作为"集体委托人"

随着研究的深入,学者们发现授权的成本并非完全来自政府间国际组织一方,政府间国际组织的投机行为也并非完全和国家所设计的控制机制有关。国家作为委托人的某些特征和行为也可能会间接提高政府间国际组织做出投机行为的可能性:如果所有对政府间国际组织授权的国家之间存在严重的利益分歧,难以就控制机制达成一致,那么就会影响政府间国际组织的自主性。将国家作为影响国家与政府间国际组织关系的关键变量纳入国家与政府间国际组织的互动关系的"委托-代理"研究纲领,形成了国家与政府间国际组织之间的互动关系的"复杂委托人模型"(complex principals model)。这是"委托-代理"研究纲领下国家与政府间国际组织关系研究发展出的一个关键的"保护带"。

在所有"委托-代理"关系模型中,最简单的是由一个委托人和一个代理人构成的关系模型,而当多个委托人与一个特定代理人达成"委托-代理"关系时,就构成了复杂委托人(complex principals)模型。复杂委托人模型包含两种具体的形式:一种被称为共同代理模型(common principals model),有的学者也将其称为多主体委托人模型(multiple principals model),即单个代理人与组织上相互独立的不同委托人分别达成多个契约;另一种被称为集体委托人模型(collective principals model),即多个委托人内部先行设计并共同达成一个契约,再作为一个整体与代理人达成"委托-代理"关系。[1] 如果委托人内部无法事先做出统一的决定,那么他们就无法进行授权,并且在集体委托人的模型中,代理人和集体委托人之间只有一份契约。上述三种模型如图3-2所示。

---

[1] Thomas H. Hammond, Jack H. Knott, "Who Controls the Bureaucracy?: Presidential Power, Congressional Dominance, Legal Constraints, and Bureaucratic Autonomy in a Model of Multi-Institutional Policy-Making," *The Journal of Law, Economics, and Organization* 12, no.1(1996): 119–166.

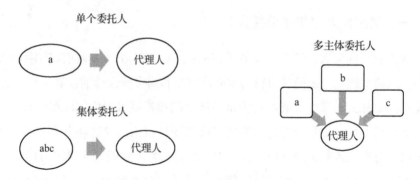

图3-2 三种"委托-代理"关系模型[①]

在多主体委托人模型中,因为每个委托人单独与代理人达成契约,每个委托人都会向代理人提出自己的需求,以及能够提供的报酬,而代理人则可以清晰地判断委托人的需求,并在这个范围内寻求能够获得最高报酬的途径,那些拥有更多权力和资源的委托人对代理人的影响往往最大。因此,共同代理模型中的多个委托人彼此之间并不涉及集体行动问题,但是集体委托人模型就不一样。集体委托人模型是国内和国际政治中最常出现的一种"委托-代理"模型,无论是选民对政治家授权、议员对政党领袖授权,还是国家对国际组织授权,实际上都属于这种"委托-代理"关系模型。在国家与政府间国际组织的"委托-代理"关系中,对于国家集体委托人来说,对一个政府间国际组织授权的前提是成员国内部达成集体决策,这就涉及集体行动问题。基于"委托-代理"理论关于国家的理性假设,国家集体委托人内部的每个国家都有理性追求个体利益最大化的倾向,且各个国家之间的利益偏好也不可能完全相同,这就使得单个国家的个体理性与国家作为集体委托人的集体理性之间存在某种程度的背离,也就是奥尔森所说的"集体行动的困境"。对一个政府间国际组织授权的确会为成员国集体带来集团利益,然而这种集团利益本质上属于非排他性的公共品,集团中的每个国家都可以分享这种集团利益,却不必须付出相对应的成本,

---

[①] Mona M. Lyne, Daniel L. Nielson and Michael J. Tierney, "Who Delegates? Alternative Models of Principals in Development Aid," in *Delegation and Agency in International Organizations*, eds. Darren G. Hawkins, David A. Lake, Daniel L. Nielson and Michael J. Tierney (New York: Cambridge University Press, 2006), p.45.

从而很容易导致集团内的"搭便车"和机会主义行为，造成成本和利益的不当分配。国家集体委托人规模的大小、国家之间的异质性及规范各个国家集体决策的规则和制度都是影响国家集体委托人集体决策的重要因素，而国家集体委托人的集体决策又关系到国家对政府间国际组织的授权方式、授权内容、控制机制等，进而间接影响国家与政府间国际组织之间的关系。

二、政府间国际组织作为"复杂代理人"

在集体委托人模型下，学者们认为国家与政府间国际组织的关系主要受到国家集体委托人本身的特征和行为，以及国家设计的控制机制的外生性影响，却很少关注政府间国际组织行为背后的问题。这也是长期以来运用"委托-代理"理论分析国际组织问题备受争议的主要原因之一。正如一些社会制度主义学者所批判的那样，"委托-代理"理论无法解释政府间国际组织自身的需求是什么。面对这些质疑，一些学者尝试揭开政府间国际组织的面纱，指出不仅作为委托人的国家具有复杂性，政府间国际组织也是一个复杂代理人（complex agent）。[①] 在最近关于国际组织研究的"委托-代理"理论文献中，政府间国际组织的复杂性受到了特别关注，这些研究强调政府间国际组织的内部结构，尤其是成员国大会和秘书处，对"委托-代理"关系的重要性。政府间国际组织的内部并非都由中立的第三方组成。在绝大多数政府间国际组织中，既有由全体成员国代表参与的机构，也有由部分成员国代表参与的机构，还有由非成员国代表和工作人员组成的机构。有学者称前两种为准委托人（PPs）[②]，而最后一种则被称为第三方机构（third parties）[③]，如图3-3所示。

[①] Daniel L. Nielson and Michael J. Tierney, "Delegation to International Organizations: Agency Theory and World Bank Environmental Reform," *International Organization* 57, no.2(2003): 264.

[②] Daniel L. Nielson and Michael J. Tierney, "Delegation to International Organizations: Agency Theory and World Bank Environmental Reform," *International Organization* 57, no.2(2003): 248.

[③] Curtis A. Bradley and Judith G. Kelley, "The Concept of International Delegation," *Law and Contemporary Problems* 71, no.1(2018): 9.

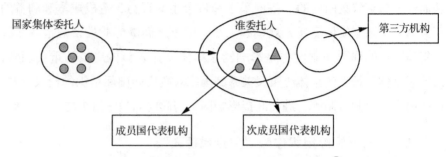

图 3-3 政府间国际组织作为"复杂代理人"①

对政府间国际组织内部结构的研究在早期运用"委托-代理"理论研究国际组织的文献中很大程度上被忽视了,因为对于很多运用"委托-代理"理论研究国际组织的学者来说,国家授权的对象就是作为整体的政府间国际组织代理人。而实际上,在政府间国际组织内部,除了像秘书处这样相对中立的第三方机构,几乎都同时存在由全体成员国代表或部分成员国代表组成的机构,这些由成员国代表组成的机构构成政府间国际组织内部的"主权共享"(pooling of sovereignty)。② 其中,由所有成员国参加的集体性机构(collective bodies),最常见的就是全体成员国大会。这些机构代表着成员国利益,通常是政府间国际组织内部的最高权力机构,享有立法权并有权对组织内其他机构实施监督。例如,禁止化学武器组织的成员国大会可以通过三分之二多数赞成做出实质性表决,批准由筹备委员会提交的草案,监督各国对《化学武器公约》的执行状况等。由部分成员国组成的次成员国代表机构,比较有代表性的就是联合国安理会。联合国安理会常任理事国是所有联合国成员国当中的一小部分(中国、俄罗斯、美国、英国、法国),常任理事国享有对安理会决议的一票否决权,但安理会所做出的决议是对所有成员国具有约束力的。表面上看,作为成员国代表的这些准委托人是政府间国际组织的组成部分,发挥着代理人应当承担的日常职能,但实际上,它们更多时候担任着对政府间国际组织施加控制的委托人角色,

---

① Manfred Elsig, "Principal-Agent Theory and the World Trade Organization: Complex Agency and 'Missing Delegation'," *European Journal of International Relations* 17, no.3(2010): 495 – 517.

② Shirley Williams, "Sovereignty and Accountability in the European Community," *Political Quarterly* 63, no.3(1990): 299 – 317.

传播宗主国的国内利益，并从成员国那里获得权力和资源实施对政府间国际组织的控制和管理、在政府间国际组织中进行再授权（re-delegate）和采纳相关政策，充当宗主国与本组织和各部委之间的"过滤器"。尤其是对于成员国中实力较强的国家来说，它们会密切关注和控制它们在政府间国际组织中的准委托人，并通过各种控制机制向准委托人发出信号，表明这些国家在特定议题上的利益和立场。加之作为国家的代表，这些准委托人要么存在于政府间国际组织的最高权力机构当中（如成员国大会），主导着政府间国际组织的工作；要么存在于各种委员会、理事会当中，在微观上具体处理政府间国际组织的日常事务。所以，尽管看上去政府间国际组织的某些行为是自主的，但实际上，政府间国际组织能意识到，当它们做出不同的行动时成员国可能出现的反应，因为这些行为多少都会受到成员国利益偏好的影响。

"复杂代理人"研究框架揭开了政府间国际组织的"面纱"，开始关注政府间国际组织内部的问题，并从"委托-代理"理论的视角指出政府间国际组织内部是由不同身份的代理人组成的。一些机构是国家委托人派驻在政府间国际组织内部的代表，如联合国大会（全体成员国代表）、联合国安全理事会（部分成员国代表）。这些机构既可以被视为国家在政府间国际组织的代理人，也可以被视为国家委托人的延伸。而作为国家委托人的延伸，它们有权对其他机构进行授权、对工作人员进行任免，甚至成立新的机构。那么，政府间国际组织整体的自主性在很大程度上便与准委托人和第三方之间的权力和资源分配有关。这一观点有力地回应了建构主义或社会制度主义对"委托-代理"理论的批判。

三、国家与政府间国际组织的冗长"委托-代理"关系链

"委托-代理"研究纲领在国家与政府间国际组织关系的研究中通过两次重要的问题转换实现了纲领本身的进步和成长，完善了"委托-代理"理论内部的自洽，使得国家与政府间国际组织的"委托-代理"关系模型与传统的经济学"委托-代理"模型及国内政治的"委托-代理"模型显出明显的差异性。正如丹尼尔·尼尔森等学者所强调的那样，国家与政府间国际

组织的"委托-代理"关系更具复杂性，因为国家与政府间国际组织之间的"委托-代理"关系链（delegation chain）要比传统的"委托-代理"关系链更加冗长和复杂，[①] 导致影响国家与政府间国际组织关系的因素的复杂性。根据"委托-代理"研究纲领在国家与政府间国际组织的互动关系研究领域的发展，本书归纳出基于主体复杂性特征的国家与政府间国际组织"委托-代理"关系链，如图3-4所示。

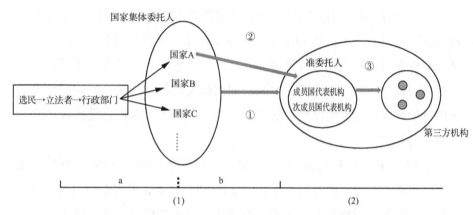

图3-4 国家与政府间国际组织的"委托-代理"关系链

国家与政府间国际组织的"委托-代理"关系链是对国家对政府间国际组织授权的整个过程的模型化，反映出两者间关系的微观、动态特征。通过图3-4我们可以看出，国家与政府间国际组织的"委托-代理"关系链是一个长且复杂的关系链条。从阶段进程上看，这一关系链主要包括两个阶段，第一个阶段由a、b两个部分组成。a部分发生在国家对政府间国际组织授权之前，这一阶段是一国国内形成对政府间国际组织授权的决策的过程。以美国为例，美国做出成立或参与某个政府间国际组织的决定需要经过"选民→国会（立法机构）→总统（行政机构）"的程序，选民就该议题进行投票，立法机构做出决议，并由总统予以执行。这一阶段原则上属于国内政治范畴，在这里不予展开。b部分是所有具有对政府间国际组织授权的意愿的成员国达成共识并决定对政府间国际组织进行授权的过程。

---

① Daniel L. Nielson and Michael J. Tierney, Delegation to International Organizations: Agency Theory and World Bank Environmental Reform, *International Organization* 57. no. 2(2003): 242.

根据"集体委托人"模型的基本观点，由于不同国家的发展程度、立场和利益需求的不同，国家集体委托人内部各个国家之间的目标和政策偏好不太可能完全一致。国家之间的偏好异质性（preference heterogeneity）越强，它们的政策分歧就越大，因此，国家作为集体委托人是否能够解决它们内部之间的集体决策问题是决定与政府间国际组织的授权关系成立与否的关键，也是决定国家集体委托人对政府间国际组织设计怎样的事前控制机制的关键。当国家对政府间国际组织的授权正式成立后，两者的关系则进入第二阶段。根据"委托-代理"理论，政府间国际组织作为委托人自成立之后便具有独立于国家偏好的自主性，这种自主性是一种脱离成员国控制的倾向，尽管国家能够预测到政府间国际组织的自主性行为，但是国家无法确定地知晓政府间国际组织将如何运用它的自主性，因为政府间国际组织可能会充分利用国家授予的自由裁量权完成授权任务，也很有可能利用自己所拥有的自主性向成员国隐匿信息，或者做出增加国家的代理成本、导致国家产生代理损耗的行为。基于集体委托人的复杂性，国家不可能十分灵活地修改对政府间国际组织的授权关系，成员国之间的偏好异质使得修改契约的成本过大，那些不满意修改契约的国家则更加倾向于维持现状，从而导致政府间国际组织具有更多的自主性。此外，根据"复杂代理人"研究框架的基本观点，在政府间国际组织中，准委托人实际上是成员国利益的代表，准委托人在政府间国际组织中的影响力在很大程度上将反映成员国对政府间国际组织的影响力。因此，我们实际上可以在一定程度上通过考察特定政府间国际组织内部的最高权力机构对该政府间国际组织的影响和控制力，来分析成员国与该政府间国际组织的互动关系。

本章小结

在"委托-代理"理论下构建国家与政府间国际组织的互动关系的研究纲领，首先是对纲领"硬核"的认可和继承。在"委托-代理"研究纲领下国家与政府间国际组织的互动关系的核心假定是：第一，国家是理性的委托人，这种理性是内生于国内层面和国际层面的"双层次博弈"的结果。国家的理性表现为用结果解释原因，用收益解释支出的理性选择因果路径之上。国家的行为是选择的结果，而选择的标准就是尽可能地最大化利益。理性的国家通过信息和制度预测其他参与者的行为，并对自己采取不同策略的可能结果进行比较。以最大化自身利益为标准做出选择。根据这一目标的指导，国家决定对一个政府间国际组织授权的根本原因就是国家认为能够从授权中获得比其他行为方式更多的收益。授权的收益越大，国家就越会倾向于授权，并且对授权后产生代理问题的容忍度就越高。而授权之后国家对政府间国际组织实施的所有控制机制也必须满足收益大于成本的原则。第二，政府间国际组织是理性的代理人，这种理性建立在承认政府间国际组织是一个具有独立于成员国偏好的自主行为体的基础之上，意味着政府间国际组织追求组织自身利益的最大化，并有在国家的影响和控制之外追求自身利益和偏好的倾向和能力。政府间国际组织的自主性是其实施代理任务的必要条件。作为理性的行为主体，政府间国际组织拥有独立的利益偏好，而这种偏好往往与国家最初的希望不一致。第三，成员国与政府间国际组织之间存在着信息不对称，这种信息不对称意味着成员国在授权之后无法确切、完整地知晓政府间国际组织是如何行动的。政府间国际组织会利用这种信息优势，向国家隐匿不利于自己的信息，实现自身利益最大化。而且由于全面监督的高昂成本，国家几乎无法避免与政府间国际组织的信息不对称，从而使政府间国际组织总是有机会实施其自主性。

在这三个核心假定下，"委托-代理"理论在国家与政府间国际组织的互动关系研究中的运用主要围绕一种"对抗代理人"的关系模型展开。这一模型将国家和政府间国际组织视为"黑匣子"，最大程度地简化国家和政府间国际组织微观层面的特性，围绕国家为什么授权及如何控制政府间国际组织这两个主要问题展开研究。随着研究的深入，这一传统模型在面对理论和经验反常方面显现出解释力的不足。"委托-代理"学者们通过两次进步的问题转化，在"委托-代理"研究纲领"保护带"中增加了新的经验内容，打开了国家和政府间国际组织的"黑匣子"，将国家作为集体委托人和政府间国际组织作为复杂代理人的微观特征纳入考察国家与政府间国际组织的互动关系的变量体系，建构起基于国家和政府间国际组织主体复杂性的"委托-代理"关系链。首先，作为集体委托人，每个成员国都有追求各自利益最大化的倾向，且每个成员国的利益偏好也不可能相同，进而会造成所谓的"集体行动困境"，或者"搭便车"等问题。其次，作为复杂代理人的政府间国际组织内部由复杂的结构组成，其中既有代表全体成员国的机构，也有被部分成员国"控制"的机构。而政府间国际组织整体的自主性则在很大程度上与组织内部的"准委托人"与第三方之间权力与资源的分配有关。最后，成员国与政府间国际组织的互动关系也形成了冗长且复杂的"委托-代理"关系链，其互动的过程和结果受到成员国的偏好异质性、成员国对政府间国际组织的控制机制等各种因素影响。

第四章 "委托-代理"理论下国家与政府间国际组织的互动方式

第一节　国家对政府间国际组织的依赖

从国家的立场上讲，对一个政府间国际组织授权是制度设计和制度选择的一种方式，国家协商成立或授权给某个特定的政府间国际组织作为代理人，并允许该政府间国际组织在绝大多数情况下几乎不受干扰地追求这些目标。这在很大程度上是因为政府间国际组织能够发挥对成员国有利的功能，实现国家难以实现的目标。因此，"委托-代理"理论认为，国家与政府间国际组织的互动关系首先表现为国家对政府间国际组织功能上的依赖，这种趋势随着全球化进程与国家间合作需求度的上升表现得越发明显。

一、政府间国际组织在国际社会中地位和作用的提升

对于国家来说，如何避免战争和冲突，寻求国际社会的安全、稳定，达成与其他国家之间的合作，实现国家的安全和发展利益是宿命性的问题。"委托-代理"理论提出的构想如下：主权国家可以从观念和实践层面将一部分权力让渡给政府间国际组织，由它们统一引导国家的行为、协调国家之间的资源和利益分配、促进国家之间的信息共享进而应对共同的风险和挑战，实现共赢。[①] 政府间国际组织的产生源于国家对国际合作的需求，纵观政府间国际组织产生和发展的整个历史进程，国家在国际社会中地位的变化及国家对国际合作的需要程度都对政府间国际组织产生了重要的影响。自 1648 年威斯特伐利亚体系建立到 20 世纪的三百年间，国家在国际体系中居于绝对权威的主导地位，主权国家是国际关系互动的支配性主体，国际合作可以基本通过国家之间的交往得以实现，而当时的政府间国际组织的结构性功能是从属于主权国家的，它们不仅数量上十分有限，而且在组织独立性、规模和影响力上也都十分薄弱。但是，在这期间，国家通过授权非国家行为主体以实现国家利益的尝试从未停止过。1648 年威斯特伐利

[①] 何志鹏：《国际社会契约：法治世界的原点架构》，《政法论坛》2012 年第 1 期，第 50－51 页。

亚和会的举行及《威斯特伐利亚和约》的签订开创了通过国际会议解决国际争端的先例，为国家之间通过跨国机构实现国际协调提供了可能性。18世纪法国大革命时期，欧洲就有很多学者提出要将卢梭的社会契约理论应用到国际社会当中，用于解决国际冲突。19世纪的"欧洲协调"进一步为国家间交往的契约化奠定了思想和政治基础。第一次世界大战结束后，1920年成立的国际联盟被认为是国家通过国际社会契约的方式实现国际合作、避免战争和冲突的初步尝试。虽然由于机构运作中的大国政治、治理结构缺陷，以及主权国家在关键问题上的自主性等问题，国际联盟的实践并未成功，但是作为建立普遍性国际社会契约的首次尝试，国际联盟为国家通过让渡部分权力给其他国际行为主体，以维护国家之间通过契约建立的秩序提供了新的路径。20世纪末之后，经济全球化的发展使国家之间相互依赖的程度不断加深，新兴国家的激增使国际社会的规模不断扩大，多边主义被推向国际舞台的前沿，国际关系在整体上逐渐呈现出趋向和平和合作的态势。① 与此同时，国家与国家之间相互制约和渗透的程度不断提高，使得很多问题具有跨国性，国家间存在着广泛的共同利益和共同威胁，而这些问题的解决或利益的实现都是国家难以单独实现的。尤其是第二次世界大战结束之后，全球性政府间国际组织——联合国的成立使通过国际组织建构国际秩序和实现国家间合作的方式成为一种主流。在联合国成立之后，各种类别的国际组织大量兴起，成为国家间合作的一种高级形式，在国际社会中发挥着主权国家所不具备的重要作用。

二、对政府间国际组织授权给国家带来的可能收益

总而言之，国家作为理性的主体，将权力一定程度地让渡给政府间国际组织是权衡成本与收益的理性选择结果，也是国家调节对国际事务的参与机制，从而在更大范围内保护和实现国家利益的一种方式。国家委托人的利益偏好和需求决定了它们在什么情况下会对政府间国际组织授权。根据上文的决策树，国家出于利益的考量，选择对政府间国际组织授权显然

---

① Barry Buzan, *From International to World Society? English School Theory and the Social Structure of Globalisation* (New York: Cambridge University Press, 2005), p. 231.

是因为这种方式与其他的国际合作方式相比能够获得额外的收益。

"委托-代理"理论将这些收益归纳为五个主要方面：第一，相比于国家本身，一些政府间国际组织更加具有专业性（specialization）。国家有时会缺乏专门的知识或技能来制定和实施特定政策，或者虽然很多时候国家并非不具有自己完成某项任务的能力（尤其是对于国际社会中的大国），但是如果某项任务需要频繁、重复地进行，且执行这一任务需要专业化的知识或技能，那么国家就更倾向于授权给一个具有专业知识与能力，以及充足的时间和资源的政府间国际组织，因为这样可以减少国家所付出的成本。第二，通过对政府间国际组织授权可以在一定程度上解决国家在合作中可能出现的政策溢出效应（policy externalities）。[1] 所谓政策溢出效应，指的是一国的行为或决策可能会给其他国家带来的影响。在国际合作中，国家政策溢出效应通常会在两种情况下出现，即协调困境（dilemma of coordination）和协作困境（dilemma of collaboration）。[2] 在协调困境中，国家会尽可能避免相互冲突的政策所导致的两败俱伤的结果，或者提高选择各方都想要的结果的可能性。例如，在"胆小鬼博弈"（chicken game）中，两人狭路相逢，如果彼此都选择前进，那么就会两败俱伤，因此，这一博弈模型中的纯粹纳什均衡就是一方前进、一方后退。又如在"性别战博弈"（battle of the sexes）中，博弈双方有彼此冲突的偏好，但同时也有一定的共同利益，这一博弈模型的纯粹纳什均衡就是一方顺从另一方，因为各自坚持自己的偏好只会导致双方都一无所获。在协调困境中，国家间合作的失败主要是信息共享问题导致的，在这种情况下，国家之间达成合作共识要远比具体选择哪种政策方案更加重要，而对一个作为中立第三方的政府间国际组织授权，可以通过收集、分享信息及监督国家行为等措施有效应对因信息问题导致的协调困境。协作困境的典型就是囚徒困境（prisoner's dilemma），在这一困境中，国家想要实现国际合作，就不能够完全按照自己的偏好行

---

[1] David A. Lake and Robert Powell, *Strategic Choice and International Relations*（New Jersey：Princeton University Press, 1999），pp.44-52.

[2] Arthur A. Stein, *Why Nations Cooperate：Circumstance and Choice in International Relations*（Ithacda and Condon：Cornell University Press. 1993），pp.68-75.

事,国家必须约束自己的行为,从而导致次优(sub-optimal)的均衡结果。第三,政府间国际组织作为相对中立的第三方,可以促进国家间集体决策问题和国家间争端的解决。当国家在合作中难以达成稳定的协议的时候,国家也会倾向于授权给一个具有议程设定权(agenda-setting)的政府间国际组织。虽然国家在形成授权的共识及政府间国际组织的建构等问题上也多少会面临集体决策的问题,但是一旦政府间国际组织成立,它就是独立于各个成员国的更加中立的第三方,由其做出的决策通常更加符合所有成员国的集体利益。① 此外,由于国家在合作最初不可能将未来所有可能出现的状况都纳入考虑范围,并且过多考虑没有发生的冲突也会影响国家之间的合作,因此这种不完备的合作契约很可能导致国家在遇到新的状况时产生矛盾和纠纷。② 通过授权给一个公正、高度自治的政府间国际组织,由它来处理成员国在合作中可能出现的纠纷,将有利于减少国家间未来合作的交易成本。第四,对政府间国际组织授权有助于增加国家间合作的承诺可信性。为了成功达成国家间合作,国家通常会承诺按照约定的方向行事,但是有时也会屈从于短期利益的诱惑,违背事先的约定,尤其是当合作中出现集中的成本和分散的利益时,就更容易产生信誉问题。而如果国家将契约的执行权委托给一个政府间国际组织,国家往往不太会轻易地违背或改变最初的约定,因为这样需要付出高昂的违约成本。第五,授权有助于一些国家(尤其是实力较强的国家)合法地构筑或锁定(lock-in)政策边界。在国际政治中,国家的权力和地位并非恒定,而权力格局的变化会迫使国家之间重新谈判,形成比之前更有利(或更不利)的协议,而通过建立一个稳定的政府间国际组织,则可以将包括竞争对手在内的对象纳入既有的制度性框架,形成对所有参与主体的制度性和规范性约束,从而保障某一时期内各个合作方之间的权力平衡,降低未来权力变化的风险。

---

① Mark A. Pollack, *The Engines of European Integration: Delegation, Agency, and Agenda Setting in the EU* (New York: Oxford University Press, 2003), pp. 84-85.

② Oliver E. Williamson, *The Economic Institutions of Capitalism* (New York: Free Press,1985), pp. 47-51.

三、国家集体委托人内部的偏好异质性与权力分配状况对国家授权行为的影响

对政府间国际组织授权的好处会成为促进国家进行授权的动力，也会影响国家授权的程度，但是它们并不是国家授权行为的决定性因素，因为在国家集体委托人内部，每个理性的国家实际上都抱有不同的利益偏好和需求。因此，国家委托人达成任何涉及授权的决策至少面临两个方面的阻碍因素：一个是国家之间的偏好异质性；另一个就是国家之间的权力分配状况和授权所形成的体制规则之间的分歧。在国家集体委托人内部，各国之间的偏好越是多样化，它们就越难以就一项政策达成统一，授权给一个政府间国际组织的可能性也就相应降低。同样，国家间权力分配和体制规则之间的分歧越大，它们也越难就授权达成一致意见，从而影响授权的程度和对政府间国际组织的控制。例如，对于那些实力较强的国家来说，如果它们可以通过自己的影响力和能力实现自己的目标，或者它们有一个除授权外更具吸引力的行动方案，并且授权的规则无法准确地匹配其在合作方之间的权力分配状况，它们就更容易选择单独行动，或者与志趣相投的国家一起，或者与它们能够控制的较弱国家合作。[①] 2003 年美国绕开联合国发动的伊拉克战争就是一个例证。同样地，出于信誉的理由，各国可以将一些大规模毁灭性武器的监测工作委托给一个政府间国际组织，但强国本身不可能放弃这种监测权，也不可能将监测其他强国的工作委托给一个国际组织。相比之下，对于集体委托人内部实力较弱的国家来说，它们通常会更倾向于选择对政府间国际组织授权，因为这些国家在国际影响力方面势弱，它们往往难以单方面影响国际结果，而政府间国际组织相对平等的规则可以加强这些国家对国际事务的影响力。例如在联合国大会中，实力较强的国家和实力较弱的国家都有一票表决权。

---

① Lloyd Gruber, *Ruling the World: Power Politics and the Rise of Supranational Institutions* (New Jersey: Princeton University Press, 2000), p. 246.

第二节　国家对政府间国际组织的控制

在"委托-代理"研究纲领下，政府间国际组织作为一个独立的行为主体，它也同国家一样享有并追求生存与发展的利益，因此政府间国际组织的自主性是与生俱来的，且在一个信息不对称的环境中更是无法消亡的。我们不能将政府间国际组织的自主性与它的机会主义行为画等号，因为正如前文所述，政府间国际组织追求自主性是它作为理性主体的重要表现。对于国家来说，政府间国际组织拥有自主性是国家通过授权的方式克服合作问题、实现额外收益的基本前提，完全处于国家控制之下的政府间国际组织难以有效克服国家间合作的集体决策问题，并会在解决国家委托人之间的冲突时丧失机动性。但自主性同时还是政府间国际组织懈怠的重要来源，自主性为政府间国际组织的机会主义行为提供了条件和空间，而机会主义行为又反过来为政府间国际组织创造了更大的自主性和更多的脱离成员国偏好的机会。成员国几乎没有办法直接观测和衡量政府间国际组织的懈怠，因此它们只能够通过制定控制机制限制和约束政府间国际组织的自主性，降低政府间国际组织做出机会主义行为的可能性。

国家对政府间国际组织设计的控制机制多种多样，从控制机制发生的时间来看，可以划分为事前控制机制和事后控制机制；从控制机制实施的对象来看，可以划分为由国家直接对政府间国际组织实施的控制机制与由国家利用第三方或政府间国际组织内部机构之间的制衡实施的控制机制；从控制机制的性质上看，又可以划分为约束性的控制机制和激励性的控制机制。本书将国家对政府间国际组织的主要控制机制分为事前的甄选机制、事后的监督和报告机制，以及制衡与奖惩机制。

一、甄选机制

甄选程序（screening and selection procedure）主要发生在国家与政府间国际组织的"委托-代理"关系成立之前，它主要包括对授权对象和授权方式的选择。在选择授权对象方面，鉴于政府间国际组织作为独立的国际行为主体有自身的利益偏好，每个国家都希望尽可能地选择一个与自身有相同或相近利益偏好的政府间国际组织作为代理人，或者花费一定的成本，创立一个与自身利益偏好相同或相近的政府间国际组织。国家希望找到尽可能符合自身利益偏好的政府间国际组织作为代理人，为此，国家可以选择成立一个新的政府间国际组织，从而最大限度地按照国家的偏好和目标来设计和规划这一新的政府间国际组织。当然，虽然创立新的政府间国际组织或许会产生一个更加贴近国家利益的代理人，但是国家也需要为此付出更加高昂的成本。所以，更多的情况下，国家会选择在既有的政府间国际组织中挑选一个相对符合自身利益的对象进行授权，相比于创立新的政府间国际组织，这显然更节约国家的授权成本。但是，由于国际社会中既有政府间国际组织的有限性，国家可能无法找到一个能够完美反映其偏好的理想代理人。如果被授权的政府间国际组织与国家的利益和需求高度匹配，那么授权的程度就会较高；反之，国家就会严格控制授权的程度，或者选择不授权。例如，由于世界银行和国际货币基金组织在国际金融领域的专业性，各国可能会将常规贷款决策权委托给世界银行和国际货币基金组织，但当这些决策对国家安全变得更为重要时，就像墨西哥比索危机或俄罗斯金融危机那样，各国很可能就会选择采取协调行动，而非授权。国家在选择被授权的政府间国际组织时通常会十分谨慎，因为一旦政府间国际组织完全无法适应国家的需求，这个问题就会变得十分棘手。国家如果选择终止与现有政府间国际组织的关系，会增加授权成本，但是与有问题的政府间国际组织维系关系也是如此。甄选程序除了对被授权的政府间国际组织的选择外，还包括对授权方式的选择。我们通常将国家对政府的授权方式划分为规则导向型授权（rule-based delegation）和自由裁量权导向型授权（discretion-based delegation）。前者指的是国家为政府间国际组织设计详尽的行为规则，使政府间国际组织尽可能地在国家的指导下行事。这种授权可以有效地减少政府间国际组织的投机行为，但是也有很多弊端。例如，国家委托人必须付出很多成本来预测、学习并设计出能够约束政府间国际组织未来行为的规则；相应地，政府间国际组织受到严格约束，拥有较小的自由裁量权，进而降低授权的灵活性，使其很难有效地对不可预知的环境做出变化。因此，只有在无法通过其他更好的方式控制政府间国际组织的时候才会使用这种形式的授权。自由裁量权导向型授权指的是国家给定明确的执行目标，让政府间国际组织自行决定如何完成这些目标，使政府间国际组织拥有充足的自由裁量权，从而发挥较强的决策作用。很多的情况下，国家与其竭尽所能地与政府间国际组织签订一个预测所有可能状况的完整合同（很难实现），更愿意签订一个规范双方交往的关系合同，即确定合同大致的执行目标，制定在合同规定不明确的情况下的决策程序，以及双方发生冲突时的纠纷解决机制，赋予政府间国际组织较大的自由裁量权，由政府间国际组织根据情势自行决策。这种类型的授权往往可以有效地保护政府间国际组织的专业性及处理突发状况的灵活性，尤其是当集体委托人数量较多且内部存在较为复杂的偏好异质性的时候，这种授权能够有效地控制集体委托人内部的谈判成本，保障决策的稳定性。

二、监督和报告机制

甄选程序往往发生在国家与政府间国际组织的"委托-代理"关系的成立阶段，而此后国家对政府间国际组织的具体控制机制主要体现在国家与政府间国际组织订立的合同（契约）文件当中。国家会将授权政府间国际组织的职权范围及规范政府间国际组织行动的具体规则写入其中，指示政府间国际组织应当如何完成相应的工作，作为对政府间国际组织的事后控制机制。在所有控制机制中，监督和报告机制是国家应对与政府间国际组织之间信息不对称问题的有效方案。通过这种机制，国家可以主动对政府间国际组织的行为进行监督以获取关于政府间国际组织的信息，也可以要求政府间国际组织按照国家的要求在特定的时间汇报特定的信息。国家对政府间国际组织的监督和报告机制主要有两种：一种是直接监督，通常被称为"警察巡逻式"监督（police patrol oversight），另一种是由第三方代为实施的"火警式"监督（fire alarms oversight）。"警察巡逻式"监督通常由成员国对政府间国际组织的行为进行积极的监测，如公开听证、实地观察或直接审查政府间国际组织提交的报告等。欧盟根据《单一欧洲法令》设立的监管委员会就是采取这种方式直接有效地评估并纠正欧盟的违约行为，但是这种方式也会使成员国为此付出较高的监督成本。"火警式"监督模式下，成员国不需要亲自对政府间国际组织进行监控，而是利用政府间国际组织的"可渗透性"引入第三方（如公民、其他国际关系行为体等）来监督政府间国际组织的行为。如果成员国发现政府间国际组织存在违约行为，那么可以通过起诉代理人、司法审查等方式进行纠错。例如，如果欧盟的行为影响到公民的利益，公民可以直接向欧洲法院起诉。相比于"警察巡逻式"监督，"火警式"监督最大的优势就是成功地将监督成本转嫁给第三方，并相应减少成员国和政府间国际组织之间的直接冲突。

三、制衡与奖惩机制

如果可能的话，国家显然希望能够在合同中尽可能地完善对政府间国际组织的有效监督，从而一蹴而就地完成对政府间国际组织的管控。但是正如奥利弗·威廉森所指出的那样，除了最简单的合同外，其他所有的合同都是不完整的，因为在合同的整个生命周期中，不可能（或者至少代价十分高昂）清楚地阐明缔约方的确切的权利和义务。[①] 因此，除了直接的监督和报告机制外，国家还会间接地通过制度制衡机制来鞭策政府间国际组织较好地完成任务。在政府间国际组织内部的制度制衡主要指的是国家通过明确政府间国际组织内部各个机构之间的分工，让它们相互制约，彼此监督。一个政府间国际组织内部通常是由不同的职能部门组成的。例如，成员国大会通常是政府间国际组织的权力机构，秘书处则是负责处理日常事务的常设机构，各种委员会、理事会大多是负责一些专业性的事务。政府间国际组织内部不同机构被授权的程度、类型及被成员国控制的程度都是不同的。国家可以通过授权组织内部某个机构对秘书处的监督权，来间接地监督和控制秘书处，或者通过授权给一个以上且彼此有重叠职能的政府间国际组织，利用它们之间的竞争关系，获得更多、更好的信息（例如，代理人执行任务所需花费的真实成本，以及代理人的真实偏好等）。前者例

[①] Oliver E. Williamson, *The Economic Institutions of Capitalism: Firms, Markets and Regional Contracting* (New York: Free Press, 1985), p.3.

如，世界卫生组织的自主性总体取决于其内部最高的权力机构对其他机构的控制程度。后者例如，一些国家就同时授权给世界银行和国际货币基金组织，这两个国际组织在处理国际金融业务的很多层面都存在竞争关系，这种竞争有利于成员国从它们那里获得更有利的信息和服务。

除了制衡外，国家有时也会采取"胡萝卜加大棒"式的奖惩机制来控制政府间国际组织的行为。在惩戒机制方面，成员国可以通过减少预算、威胁撤销或修改授权的方式，要求代理人按照委托人的要求行事。绝大多数政府间国际组织最初的经费均来源于成员国的认缴和投资，并且相当一部分政府间国际组织，如国际货币基金组织、世界银行等，是按照成员国所认缴的份额作为划分投票权的标准的，因此，成员国会以控制政府间国际组织本身及其所支持项目的经费和预算来确保被授权的政府间国际组织的行动在成员国所希望的范围内进行。例如，在2017年12月6日，美国宣布承认耶路撒冷为以色列首都，并开始启动将美国驻以色列大使馆从特拉维夫迁往耶路撒冷；同年12月18日，联合国安理会就由埃及起草的旨在推翻美国承认耶路撒冷为以色列首都的决议进行投票，而美国利用其在安理会中的一票否决权，使该决议胎死腹中；随后，联合国大会又于同年12月21日以128∶9（有35个国家弃权）的压倒性表决认定任何宣称改变耶路撒冷地位的决定和行动"无效"。为了对联合国进行报复，美国驻联合国代表妮基·黑利（Nikki Haley）于当地时间2017年12月24日宣布美国将要求对联合国2018—2019年预算进行高达2.85亿美元的"历史性删减"。这将对联合国预算形成不小的打击，因为从联合国预算的主要来源来看，首先，是由各国根据人口和GDP所占比例计算的所应缴纳的会费，这是联合国的经常性经费，主要用于组织核心机构的正常运作，其中美国所占比例约为22%；其次，是联合国的维和经费，美国所占比例位列第一，约28%；最后，就是来自各个国家及其他国际关系行为体的自愿捐助，而美国在其中所占的比例也是最大。当然，削减预算的方式是一种十分刻板且生硬的惩戒措施，它本身也存在很大的副作用，例如，会降低被授权的政府间国际组织的工作效率，在减少投机行为的同时，很可能也降低了那些有利于成员国利益的产出。威胁修改或撤销授权通常被视为其他控制机制均难以奏效的兜底措施，但是在国家与政府间国际组织的"委托-代理"关系中，这种方式似乎很难实现，因为国家集体委托人的偏好异质性，修改或撤销对政府间国际组织的授权可能意味着国家需要开启新一轮谈判。如果政府间国际组织的投机行为又恰好符合部分成员国的利益，那么修改或撤销授权的决策将更加难以达成。当然，除了制衡和惩戒措施，成员国有时也会对政府间国际组织做出的符合国家利益偏好的行为予以奖励，例如，以扩大预算、扩大政府间国际组织的职能范围、强化政府间国际组织的权限等方式对政府间国际组织进行奖励。

第三节　政府间国际组织对国家的对冲策略及其影响因素

虽然代理人是一个"拥有自身利益偏好的独立性主体"这一论点一直都是"委托-代理"理论最基本的观点之一，但是既有的研究中，尤其是将"委托-代理"理论运用到国家与政府间国际组织的互动关系的分析中时，我们会发现，学者们往往过多强调委托人一方的作用，例如国家的偏好，以及它们是如何设计与政府间国际组织的关系结构的，而忽视进一步探究政府间国际组织作为独立的自利主体是如何发挥作用的。实际上，代理人在一个"委托-代理"关系中所造成的影响远非利用信息不对称实施投机行为、造成代理损耗那么简单。通过上文的研究，我们不难发现，在国家与政府间国际组织之间的"委托-代理"关系中，来自委托人一方的影响（委托人自身的属性及其设计的控制机制）通常在"委托-代理"关系的开始阶段比较突出，而在国家与政府间国际组织的"委托-代理"关系成立之后，虽然国家仍可以通过修正或重新授权的方式调整与政府间国际组织的关系结构，但正如我们一直强调的那样，国家作为复杂的集体委托人，对任何涉及授权的决策都需要事先在内部达成一致意见。如果集体委托人内部缺乏有效的决策机制，那么他们之间的偏好异质性会使这种改变十分困难。因此，国家不可能成为影响其与政府间国际组织的互动关系的独立变量，因为在"委托-代理"关系成立之后的阶段，授权的结果将会在一定程度上更加依赖政府间国际组织的偏好、功能和行为。① 那么政府间国际组织作为代理人,将在哪些方面及如何影响与国家的关系呢?

一、政府间国际组织对国家的对冲策略

"对冲"的概念来自金融学,最早是指因应商业活动中可能出现的价格和利率变动而进行的使风险最小化的方式和手段。借鉴这一定义,国际关系领域的"对冲"指的是国际关系行为体面对可能出现的不确定性而采取的审慎的保险策略。② 在国家与政府间国际组织的"委托-代理"关系中,政府间国际组织作为理性且自利的行为主体,为了应对来自国家委托人一方所施加的不确定性,也会希望通过制定对国家的针对性策略,最大限度地保障自身的自主性和偏好。政府间国际组织有独立制定自身战略的能力,这一点虽然与社会制度主义的观点相近,但是,不同的是,社会制度主义强调政府间国际组织战略的权威和动机来源于其社会属性,而在"委托-代理"研究纲领框架下,我们强调的是政府间国际组织在与国家的互动关系中所追求的针对性策略。这些策略中最主要的两点就是:对规则的解释与再解释(interpretation and reinterpretation)策略,以及对国家控制机制的缓冲(buffer)和规避(evasion)策略。

从广义上讲,国家对政府间国际组织所设计的所有控制机制本质上都是通过各种具体的规则表现出来的。然而,正如前文所述,任何事前约定的规则都具有不完整性,它们不可能完全精确且涵盖所有未来可能发生的情况,这就为国家和政府间国际组织都按照自身的利益偏好去解释这些规则提供了空间和可能。在授权的开始阶段,国家掌握着对规则设定和解释的主动权,这个时期政府间国际组织为了吸引和说服国家进行授权,通常会隐藏自己与国家不一致的偏好,倾向于遵从国家对规则的解释。但是,一旦政府间国际组织获得了实质性的授权(例如,有足够数量的成员国对

---

① Darren G. Hawkins and Wade Jacoby, "How Agents Matter," in *Delegation and Agency in International Organizations*, ed. Darren G. Hawkins, David A. Lake, Daniel L. Nielson and Michael J. Tierney (New York: Cambridge University Press, 2006), p.198.

② 王栋:《国际关系中的对冲行为研究——以亚太国家为例》,《世界经济与政治》2018年第10期,第29页。

其进行长期授权),那么政府间国际组织就会逐渐在规则的解释和再解释中释放自己的利益偏好。巴尼特和芬尼莫尔将政府间国际组织重新解释规则的途径归纳为四点:通过渐进的方式重新解释规则,使国家没有足够的动机推翻这种解释;通过分裂国家集体委托人的方式重新解释规则,使国家难以达成一致意见推翻这种解释;通过程序创新重新解释规则,使政府间国际组织的行为符合国家的替代偏好,使国家接纳这种解释;说服国家正式化政府间国际组织的程序创新,以夯实未来重新解释规则的可能性。[1]

政府间国际组织按照自身的利益偏好解释和再解释规则实际上是针对国家对政府间国际组织的事前控制机制的对冲策略,而对于国家的事后控制机制,政府间国际组织也有相应的缓冲和规避策略,用于减弱这些控制机制对政府间国际组织自主性的影响。"委托-代理"理论认为,政府间国际组织缓冲和规避国家对政府间国际组织事后控制机制的常用策略包括在组织内部将任务划分为迎合包括国家委托人偏好的任务和符合政府间国际组织自身偏好的任务的二元论(dualism)策略;有选择性地向成员国汇报符合它们利益需求的信息,同时隐瞒其他不利信息,从而使国家无法完整地实施对政府间国际组织的监控的形式主义(ceremonialism)策略,这两种策略通常是相互配合实施的。代理人之所以有能力实施这两种对冲策略,主要是因为国家对政府间国际组织控制机制本身的局限性,以及存在于国家和政府间国际组织之间固有的信息不对称问题。"委托-代理"关系成立和存续的根本在于双方在关系中获得的收益大于所需付出的成本。对于国家来讲,尽管它们可以设计各种控制机制约束和激励政府间国际组织的行为,但是监督总是不完全的,或者成本高昂的。政府间国际组织通过对规则的解释和再解释策略说服国家赋予它们更大的权力和自主性。在此之后,政府间国际组织通过重组自身职能和任务的方式,只对国家公开那些受它们欢迎的行为和信息,使国家的控制机制只能部分作用于政府间国际组织本身的行为,从而间接地获取更大的自主性,增加国家的监控成本。当政府间国际组织获得足够强大的自主性时,国家对政府间国际组织的控制机

---

[1] Michael Barnett and Martha Finnemore, *Rules for the World: International Organizations in Global Politics* (Ithaca and london: Cornell University Press. 2004), p. 7.

制很可能会流于形式,尤其是当国家选择以"监督和报告"机制作为对政府间国际组织的主要控制机制的时候,政府间国际组织在向国家提供的报告中,会尽可能地提供令国家满意的信息,刻意隐瞒任何潜在的不利信息,从而让国家误以为它们的监督是有效的,而随着时间的推移,政府间国际组织的自主性将会更强。当然,政府间国际组织自主性的增强并不必然导致国家利益的受损。如果政府间国际组织确实为国家提供有价值的服务并带来了可观的利润,那么国家就很难察觉政府间国际组织的这些行为,或者即使国家有所察觉,也不太可能及时地调整控制机制。

二、影响政府间国际组织对国家对冲策略的因素

虽然政府间国际组织可以对成员国的控制实施一定的对冲策略,但是这些策略效果的发挥受到一定因素的影响和限制。作为有独立偏好的国际主体,政府间国际组织本身的一些特质会影响国家决定是否授权、授权的程度,以及授权成立后国家与政府间国际组织的互动状况,其中最主要的两点就是国际组织的自主性和可渗透性。①

影响政府间国际组织能在多大程度上对国家实施对冲策略的一个主要因素就是该政府间国际组织的自主性程度,而政府间国际组织的自主性又取决于很多因素。归纳来说,首先,政府间国际组织的自主性取决于国家对政府间国际组织授权的"精准性"。在其他条件固定的情况下,国家对授权的内容规定得越详细和精准,那么政府间国际组织受到的限制就越多。例如,成员国对联合国安理会的授权程度很高的另外一个原因就是,安理会有权自行认定一个行为或事实是否构成"对和平的威胁",这就是一个宽泛且不精准授权的例子,正如基欧汉所说的那样:"在特定的国际组织案例中,国家对于适当的解释或规范的不确定性越大,它所具有的独立性就越大。"② 其次,政府间国际组织的自主性也受到国家之间偏好异质性的影

---

① Curtis A. Bradley and Judith G. Kelley,"The Concept of International Delegation,"*Law and Contemporary Problems* 71,no.1(2008):17 – 19.

② Robert O. Keohane, Andrew Moravcsik and Anne-Marie Slaughter,"Legalized Dispute Resolution:Interstate and Transnational,"*International Organization* 54,no.3(2000):457 – 488.

响，即便是国家对政府间国际组织的授权已经尽可能精准，但是如果批准一项行动所需要的成员国数目过多，或者成员国之间的潜在利益冲突越多，那么就越难形成管控政府间国际组织的统一意见，从而增强政府间国际组织的自主性。此外，政府间国际组织的自主性还受到国家对政府间国际组织的监督机制、组织内部机构之间的相互制衡、组织的议事规则及国家对政府间国际组织的人事任免等控制机制的影响。尤其是对于那些涉及国家重要利益领域的授权，国家会对政府间国际组织实施严格的监控，大大削弱政府间国际组织的自主性。最后，政府间国际组织的自主性还受到其本身法律效力（legal effect）的影响。简单来讲，就是国家对政府间国际组织的授权在多大程度上允许该政府间国际组织做出有法律约束力的决策或实施有法律约束力的行为。从授权的类型上来看，对政府间国际组织的立法型授权通常要比对政府间国际组织的议程设定型授权和咨询建议型授权等的授权程度要高，因为前者往往有权对成员国设立有约束力的法律义务。例如，欧盟的最高司法机关欧洲法院就有权对成员国设立有国内法律效力的约束性义务，因此，可以认为成员国对欧洲法院的授权程度较高。但是，这并不意味着法律约束力较低的授权会使政府间国际组织无法对成员国施加约束性影响。政府间国际组织还可以以"软性法律"（soft law）的方式，通过对成员国政府施加国内或国际压力，对成员国的政策自主权进行一定程度的限制。例如，跨国企业需要遵循经济合作与发展组织（Organization for Economic Co-operation and Development，OECD）发布的非约束性行为准则。又如，联合国大会于1984年通过《禁止酷刑和其他残忍、不人道或有辱人格的待遇或处罚公约》，并由人权委员会设立专门的工作小组负责收集缔约国的遵约状况，并就报告做出评论，2006年人权委员会就在评论中呼吁美国关闭关塔那摩湾拘留中心（Guantanamo Bay Detention Facility）。此外，仍需指出的是，尽管一些政府间国际组织的决策或行动具有较强的法律效力，但是这些效力的最终实现仍依赖强大的执行权。因此，我们可以说，成员国对联合国安理会的授权程度最高，因为安理会不仅可以发布有约束力的决议，还可以使用包括武力在内的手段来执行这些决议。同样地，国际刑事法院也可以通过严厉的监禁制裁来执行它的国际刑事判决。相比之下，世界贸易组织虽然可以做出有约束力的法律决议，但是成员国对其的授权程度比不上前两者，因为世界贸易组织的决议只能够通过当事方以制裁相威胁的方式才能够实现。

第三方对政府间国际组织的可渗透性指的是政府间国际组织允许除国家外的第三方国际关系行为主体参与它们的决策，从而间接地对其与国家之间的关系形成影响。在利益交错复杂的国际社会中，国家与政府间国际组织的互动不可能在"真空"中进行，而是在一个与其他行为体交互影响的政治环境中进行的。在当今的国际社会中，包括非政府组织等在内的国际关系行为体已经广泛地参与国际事务。并且越来越多的学者发现，在很多情况下，这些国际关系行为体甚至能够单独或联合起来，参与并影响政府间国际组织的决策和行为，进而间接对政府间国际组织的成员国形成影响。① 在国家与政府间国际组织的"委托-代理"关系中，政府间国际组织的可渗透性有强弱之分，国家往往会在制度设计上刻意保留政府间国际组织一定程度的可渗透性，从而方便国家对政府间国际组织的监督和控制。因此，对于当今的很多政府间国际组织来说，它们多多少少都具有一定程度的可渗透性，但是这在方便成员国获取信息的同时，也给包括利益集团、非政府组织等在内的非委托人第三方通过游说、资助、提供信息、参与辩论等方式影响政府间国际组织的行为提供了可能。② 同国家和政府间国际组织一样，这些独立的第三方也拥有自己的偏好，因此它们也会像国家那样引导政府间国际组织按照它们的偏好行事，尤其是当第三方与国家委托人的偏好不一致的时候。当政府间国际组织的可渗透性较强的时候，第三方很有可能会推动政府间国际组织跨越国家划定的偏好边界行事。而对于国家委托人来说，它们很难设计出一个既保有政府间国际组织的自主性和可渗透性，又可以有效控制第三方对政府间国际组织的影响的机制。即使是最初可渗透性受到严格限制的政府间国际组织也可以随着它们与第三方行

---

① George Tsebelis and Geoffrey Garrett, "Legislative Politics in the European Union," *European Union Politics* 1, no.1(2000): 9 - 36.

② Margaret E. Keck and Kathryn Sikkink, *Activists beyond Borders: Advocacy Networks in International Politics* (Ithaea and london: Cornell University Press,1998), pp.77 - 79.

为体接触和交往的不断深化，强化它们自身的可渗透性。当政府间国际组织面临国家的制裁，如裁员或削减预算的时候，政府间国际组织可以转而获取第三方的帮助和支持。①

本章小结

"委托-代理"理论下国家与政府间国际组织的关系是一种双向互动关系。从国家的角度来讲，国家对政府间国际组织的互动方式表现为依赖和控制。政府间国际组织所具备的某些职能符合当今国际环境中国家对国际合作的需求，同时能够解决传统国际合作方式所存在的很多缺陷，为国家带来额外的收益。政府间国际组织所具备的这些职能主要表现在专业性、解决国家间合作的政策溢出效应、促进国家间集体决策和国家间争端问题的解决、增加国家间合作的承诺可信性、构筑或锁定政策边界等方面。为了减少信息不对称给国家带来的不利因素，国家会通过制定控制机制来限制和约束政府间国际组织的自主性空间，降低政府间国际组织做出机会主义行为的可能性。在国家与政府间国际组织的"委托-代理"关系成立之前，国家可以通过甄选机制，选择或创建一个更加符合自身利益偏好的政府间国际组织进行授权。在授权之后，国家可以通过直接或间接的监督机制、制衡和"胡萝卜加大棒"的奖惩机制等事后控制机制限制政府间国际组织的行为。但是这些控制机制受到国家集体委托人内部偏好异质性和权力结构的影响，成员国之间的偏好越多样化，它们就越难以就一项政策达成统一，授权给一个政府间国际组织的可能性也就相应降低。同样，成员国间权力分配和体制规则之间的分歧越大，它们也越难就授权达成一致意见，从而影响授权的程度和对政府间国际组织的控制。

从政府间国际组织的角度来说，"委托-代理"理论下政府间国际组织对国家的互动方式主要表现为对国家控制机制的对冲策略。作为有独立偏

---

① Karen J. Alter, *Establishing the Supremacy of European Law*: *The Making of an International Rule of Law in Europe*(New York: Oxford University Press, 2010), p.247.

好的国际主体，政府间国际组织希望有充分的自主性空间，追求政府间国际组织自身的利益，而国家对政府间国际组织的控制恰恰限制了政府间国际组织的自主性。因此，政府间国际组织会利用各种可能的条件对冲国家的控制和约束，国家和政府间国际组织之间的信息不对称也为政府间国际组织制定和实施相关的对冲策略提供了可能。一方面，政府间国际组织会利用授权契约的不完整性，通过解释和再解释相关的规则，表达自己的利益偏好；另一方面，政府间国际组织可以有觉知地按照是否符合成员国的偏好划分自身的行动，并只向成员国汇报对成员国有利的信息。政府间国际组织实施这些对冲策略当然也受到一些因素的影响，主要的两个因素包括政府间国际组织的自主性程度，以及政府间国际组织自身的可渗透性。当政府间国际组织自主性较强或可渗透性较强的时候，它们对成员国实施对冲策略的能力也往往较强。

第五章 "委托-代理"理论下国家与政府间国际组织互动的可能的结果：实例分析

第五章 "委托-代理"理论下国家与政府间国际组织互动的可能的结果:实例分析

理论是对某一领域的组织及其各部分之间的相互联系的描述,任何范畴的无穷无尽的材料都可以用无数种方式组织起来,用于指明一些因素比其他因素更为重要,并具体指出其中的联系。[①] 从这个意义上来看,"委托-代理"理论为国家与政府间国际组织的互动关系提供了一个相对完整的分析框架和路径,国家与政府间国际组织的互动方式被简化为理性前提下国家对政府间国际组织的依赖与控制,以及政府间国际组织因应国家控制的对冲策略。那么遵从"委托-代理"的纲领逻辑,国家与政府间国际组织的理性决定两者之间存在不同的偏好,而它们的互动结果取决于彼此互动方式之间的博弈,简单来讲,就是拥有自主性的政府间国际组织是否有能力将其独立偏好转化为实在的权力。当国家对政府间国际组织制定较强的控制机制,且政府间国际组织没有有效对冲策略的时候,政府间国际组织将享有较小的自由裁量权,它甚至会接近成为一个"会员主导型组织"(member-driven organization)。而当国家对政府间国际组织的控制机制较弱或难以发挥效力的时候,政府间国际组织就会有更多的条件和能力脱离成员国的约束和限制,表现出更大的独立性。当然,任何理论都必须容许理论和经验上的反例存在,我们不否认"委托-代理"理论的可证伪性,但是也应遵从理论研究逻辑的科学性。正如黑格尔所说的那样,科学研究的关键并不在于有一个纯粹的直接物作为开端,而在于任何逻辑起点都不应当以任何东西为前提和中介;理论的整体是一个圆圈,在这个圆圈中,逻辑起点包括以后所有的规定性,最初的会是最后的,而最后的也将是最初的。[②]

[①] 肯尼思·华尔兹:《国际政治理论》,信强译,上海人民出版社,2003,第10页。
[②] 黑格尔:《逻辑学(上)》,杨一之译,商务印书馆,1996,第54、56页。

第一节　成员国主导型政府间国际组织：
以北大西洋公约组织为例

当今国际社会中的政府间国际组织类型极其丰富，难以一言蔽之地认为随着经济全球化与国际制度合法化的不断推进，如今的政府间国际组织已经逐渐脱离成员国的控制，成为自主、独立的中立方，毕竟一些政府间国际组织经过几十年的发展，至今仍处于成员国的严格控制下，担任着成员国"尽职的代理人"的角色。在冷战背景下成立的"北大西洋公约组织"（North Atlantic Treaty Organization，NATO）就是典型的案例。

一、北大西洋公约组织的成立：冷战军事对垒的产物

从"委托-代理"的视角出发，作为代理人的北大西洋公约组织（以下简称"北约"）成立的最主要原因是满足冷战背景下美国和其西欧盟国与苏联阵营对垒的共同需求。在第二次世界大战的硝烟仍未完全消散之时，以美国为代表的西方资本主义阵营和以苏联为首的社会主义阵营就开始为谋划战后世界格局的主导地位而分道扬镳。1947年3月12日，时任美国总统的杜鲁门发表了所谓的"杜鲁门主义"讲话，首次正式提出世界已经分裂为"自由国家"和"极权政体"两个部分。所谓的"自由国家"，指的是像美国、西欧各国那样，声称在国内践行自由体制，保障个人自由、民主选举、宗教和言论自由的国家。而所谓的"极权政体"则是指以苏联为首的所谓将少数人意志强加给多数人的"非自由国家"。[①] 杜鲁门的这次演讲拉开了冷战的序幕。此后，美苏两大阵营开始在军事、经济、意识形态等多层面展开对垒。在经济方面，为了挽救在第二次世界大战中受到严重打击的西欧国家，美国实施了"马歇尔计划"，但是第二次世界大战后的西

[①] 资中筠：《战后美国外交史——从杜鲁门到里根》，世界知识出版社，1994，第111-112页。

欧国家不仅面临严重的经济问题，还面临着由于国家衰弱所导致的政治和安全问题，而处在冷战交锋"前线"的这些欧洲国家，在安全上的援助需求更加迫切。具体来说，第二次世界大战结束初期，共产主义在欧洲的势力不断壮大，在很多西欧国家内部，如法国，都存在很强的共产党势力，而捷克斯洛伐克的政变更是让西欧国家面临政体被颠覆的担忧。① 此外，苏联的一些欧洲战略也对西欧国家形成了很强的威胁，其中影响力最大的莫过于1948年爆发的柏林危机。1947年12月，在英国伦敦召开的四国（苏联、美国、英国、法国）外长会议上，苏联提出100亿美元的赔款、赛尔区共管，以及成立德国民主政府的提议，这些决定遭到其他三个国家的强烈反对。② 1948年2月到同年6月，在美国和英国的提议下，在英国伦敦召开了由美国、英国、法国、荷兰、比利时、卢森堡参加的六国会议，会议单方面宣布成立西德政府，并由美英法三国继续在西德驻军。因应六国伦敦会议，苏联在强烈反对的同时也开始插手德国问题，并逐渐对柏林实施封锁。1948年6月，苏联决定对西方国家进入柏林实施"交通管制"，形成第一次冷战交锋高潮——"第一次柏林危机"。这次柏林危机使得西欧国家更加迫切地需要美国在军事方面提供帮助。1948年2月20日，捷克斯洛伐克发生"二月革命"，这次革命加剧了西欧国家对苏联和共产党进一步"入侵"的恐惧。1948年3月17日，英国、法国、比利时、荷兰及卢森堡签署了《布鲁塞尔条约》，规定条约任何一方在欧洲受到武装攻击时，其他缔约国都应提供它们力所能及的一切军事援助。一开始美国只是对该条约表示支持，而对于加入西欧军事联盟，成为西欧国家的卫戍部队，美国仍持单边立场。同年4月，为了对抗德国及其盟国的威胁，芬兰和苏联签署了《友好合作互助条约》，这使得美国感到了强大的压力，在一定程度上提升了美国参与西欧国家军事防务合作的意愿。③ 1948年6月，美国国会正式通过了《范登堡决议》，该决议规定美国可以在和平时期，经宪法程序与

---

① Lawrence S. Kaplan, *The United States and NATO: The Formative Years* (Lexington: The University Press of Kentucky, 1984), p.60.
② 陈佩尧：《北约：战略与态势》，中国社会科学出版社，1989，第28页。
③ 资中筠：《战后美国外交史——从杜鲁门到里根》，世界知识出版社，1994，第105页。

美洲以外的国家形成军事同盟,从而参与地区性集体自卫安排。[1] 同年11月,美国国家安全委员会通过决议,指出美国不能容忍苏联对欧亚大陆潜在力量的控制。[2] 在此基础上,美国希望通过强化与西欧国家的军事同盟,以对抗来自苏联方面的军事和安全威胁,夺取全球霸主地位。1949年4月4日,美国、加拿大、《布鲁塞尔条约》缔约国,以及意大利、挪威、丹麦、冰岛、葡萄牙签署了《北大西洋公约》,正式确定了组成以美国为主的军事同盟。同年8月24日,各国完成了相关的审批手续,标志着北大西洋公约组织的正式成立。

二、北大西洋公约组织的发展与功能变化:美国主导下的军事政治联盟

在冷战时期,北约是美国控制西欧及对抗苏联的重要工具。一方面,在北约最初的内部组织机构设立上,主要军事机构的领导位置几乎都被美国人占据;另一方面,来自西欧的成员国在经历了第二次世界大战的重创后,国内经济恢复的压力非常大,因此,北约运行的高昂经费基本上依赖美国的军事援助。实际上,在北约成立之后,美国国会曾通过资金数额高达13.14亿美元的"军事援助法案",旨在帮助强化西欧成员国的防务力量、恢复它们国内经济的同时,使得西欧主要国家在很长的一段时期内对美国形成很强的经济依赖,且在政治上和军事上对美国唯命是从。[3] 美国对欧洲成员国的控制表现在北约的方方面面,致使北约在冷战期间的战略基本服务于美国的全球战略。在1954年之前,北约的整体战略主要服务于美国的地区性遏制战略。首先,美国希望通过北约,将在西欧地区具有重要战略地位的国家纳入美国主导的军事同盟。为了将北约的势力扩展到地中海地区,强化对欧洲东部防线的控制,美国在1951年借助伊朗危机所导致

---

[1] United States Congress Senate Committee on Foreign Relationship, *The Vandenberg Resolution and the North Atlantic Treaty*(Michigan: University of Michigan Library Press, 1973), pp. 327 – 328.
[2] 威廉森·默里、麦格雷戈·诺克斯、阿尔文·伯恩斯坦主编《缔造战略:统治者、国家与战争》,时殷弘,等译,世界知识出版社,2004,第629页。
[3] 威廉森·默里、麦格雷戈·诺克斯、阿尔文·伯恩斯坦主编《缔造战略:统治者、国家与战争》,时殷弘,等译,世界知识出版社,2004,第219页。

的地中海地区动荡，正式向土耳其和希腊两个国家提出加入北约组织的邀请；与此同时，着力发展以美国为主导的地区军事战略部署，包括发展以常规力量为主、核武器为掩护的战略威慑力量，建立和壮大海军、空军常规部队。艾森豪威尔就任美国总统之后，开始在美国和北约重点发展核力量，并以此为基础实施大规模报复战略，应对来自苏联和华约国家的威胁。然而，这种战略存在很大的问题。例如，美国为了维护在北约的主导地位，提出在北约内部实施"多边核力量"，要求由美国掌握北约的战略性核武器，将英国的核武器交由美国统一指挥，并禁止法国独立研发核武器。到了20世纪50年代末，随着苏联的核力量不断壮大，美国在苏联面前不再具有明显的核优势，这使得西欧国家不得不担忧美国是否依旧能够为它们提供可靠的核保护伞。1958—1959年，美国并没能通过核威慑阻止第二次柏林危机的爆发，这加重了北约内部的互信问题。20世纪60年代初，肯尼迪政府开始着手调整该战略，并提议北约应根据国际形势灵活地做出反应。1967年，"灵活反应战略"正式在北约得以实施，北约内部形成由常规力量、战略核力量和战术核力量构成的"三位一体"威慑力量，[①] 这种战略一直持续到冷战结束。可以看出，冷战时期北约主要是围绕美国对外战略的变化而调整和发展的。

随着冷战的结束，来自苏联的对立性意识形态分歧和严峻的安全威胁逐渐消失，苏联的解体使得北约成员国之间原本的共同利益基础不复存在，利益分歧越发明显，北约内部成员国之间的偏好异质性开始显现。同时，来自欧洲的成员国越来越不满美国在北约的独断专行，主张重视北约组织内部的权力结构分配平衡，认为北约的欧洲成员国应当不断提升自身的防卫力量，减少对美国的依赖，甚至通过北约对美国的权力进行制约，争取彼此在防务上的独立性和平等性。在这一背景下，北约的功能也开始发生一些变化。这些变化集中表现在几个方面：第一，在意识形态上，美国通过扩大和输出民主的方式，增强与西欧成员国在价值观层面的互动，从而构建新的共同利益基础；第二，在组织的战略目标上，逐渐从冷战时期的

---

① 周丕启：《合法性与大战略——北约体系内美国的霸权护持》，北京大学出版社，2005，第144页。

应对大国威胁调整为解决欧洲的民族和国家间地区冲突，在一定程度上遏制大规模杀伤性武器的生产和使用，更加注重北约在维护和平和防止战争方面的职能；第三，在组织的功能范围上，逐渐向东欧地区扩大，将东欧和前苏联地区纳入北约结构，减少东欧地区的不稳定因素，扩大"稳定带"，从而服务于成员国在安全战略方面的共同利益，巩固成员国之间原本的集体防御职能；第四，在组织内部的职能分布上，逐渐由美国的完全主导转向美国在可控范围内支持欧洲成员国在北约内部发展独立防务的需求，从而使北约能够继续在欧洲发挥安全基石的作用，减少欧洲成员国防卫独立性的发展对美国北约主导权造成的挑战。这些功能变化在冷战后北约的战略调整和主要的战略行动上均得以体现。1991 年 11 月，北约罗马首脑会议通过的《联盟新战略概念》(The Alliance's New Strategic Concept) 达成了北约冷战后的新战略构想，提出其战略目标为实现传统的集体防御、执行联合国赋予的维和任务，以及与前华约国家建立伙伴关系。① 1993 年 10 月，美国正式提出超越北约理事会，建立"和平伙伴关系"的计划，开始推进北约的东扩。这是冷战后北约的第一次战略调整，其最终目的在于固化北约在冷战后欧洲安全体系中的支配地位。1996 年，美国提出了"北约国际化"的新战略理念，希望北约能够服务美国的全球战略，并借助北约实现美国更广范围内的利益。1998 年 12 月，北约外长会议就新的战略构想达成一致，并于 1999 年 4 月的华盛顿峰会上正式通过了《联盟新战略概念》(The Alliance's New Strategic Concept)，其核心在于强调北约应"走出防区"，在坚持集体防御的同时，积极介入和影响巴尔干等周边地区冲突。这是冷战后北约的第二次战略调整，总体上表现为从"集体防御"向"积极干涉"转变。这种干涉甚至可以不经联合国安理会授权，正如时任美国国务卿的马德琳·科贝尔·奥尔布赖特 (Madeleine Korbel Albright) 所描述的

---

① "The Alliance's New Strategic Concept," NATO, November 8, 1991, aceessed October 30, 2023, https：//www. nato. int/cps/en/natohq/official_texts_23847. htm.

那样，北约的行动只要符合《联合国宪章》第 51 条的规定就可以了。①
1999 年，北约在未得到联合国同意的情况下，单方面对南联盟实施大规模军事打击，对科索沃问题进行干预，就是一个典型的例证。可以看出，冷战后北约虽然在功能上进行了很多调整，但是调整的原因和方向也主要围绕以美国为主的成员国的共同利益目标、需求及成员国内部权力结构的分配变化展开。进入 21 世纪以来，为推动全球化转型，北约在 2010 年的里斯本会议上通过了《新战略概念：积极接触、现代防务》(*The New Strategic Concept: Active Engagement, Modern Defense*)。但这种建立在一种乐观的全新威胁认知基础上的战略概念在随之而来的克里米亚危机及乌克兰危机等重大国际政治变动时暴露出不足与缺陷，导致北约在一系列危机的压力下逐渐失去集体行动的协同性和战略决策的连贯性。② 为了重新凝聚联盟共识，拜登执政后，美国开始大力推动北约战略转型，其核心目标在于改变松散化状态，恢复美国在北约中的主导地位。③ 2022 年 6 月，北约在马德里峰会期间正式出台新版战略概念文件，标志着北约新一轮战略转型大方向的"定调"和有关战略部署的全面启动。这是北约时隔十二年之后对 2010 年版战略概念的更新调整。在延续北约的进攻性与扩张性的基础上，新版战略概念文件首次将"韧性"(resilience)建设置于北约未来十年优先事项、核心任务和方针政策的关键位置，指出：确保联盟各国和集体的韧性对于北约各项核心任务至关重要。作为具有集体安全属性的非对称安全联盟，北约是理解欧洲安全动态的关键，而战略转型则是北约适应国际形势变化的重要方式，体现出北约对当前国际安全形势变化的集体战略认知。尽管韧性建设越发成为北约应对外部安全环境变化、强化集体行动协同性和战略决策连贯性的重要抓手，但实际上，北约冷战后的几次重要

---

① 《联合国宪章》第 51 条规定：联合国任何会员国发动武力攻击时，在安理会采取必要办法以维持国际和平及安全前，本宪章不得禁止会员国行使单独和集体自卫权，若会员国行使该权利，应向安理会及时报告。参见王铁崖、田如萱、夏德富主编《联合国基本文件集》，中国政法大学出版社，1991，第 35 页。
② Michele Testoni (eds.), *NATO and Transatlantic Relations in the 21st Century: Foreign and Security Policy Perspectives* (New York: Routledge, 2021), p.2.
③ 徐若杰：《北约战略转型：动力、趋势及政策影响》，《欧洲研究》2022 年第 5 期，第 66 页。

战略转型本质上都是在美国的主导下进行的。

三、成员国对北约的控制方式：严格的监督和制衡机制

"委托-代理"理论认为，国家基于理性和授权成本与收益的考量通常不会将涉及主权核心的安全和防务内容授权给一个政府间国际组织，[①]而北约的职能却主要以安全和防务为主，因此，成员国对北约的控制是非常严格的。这主要表现在以下几个方面。

首先，从北约的机构设置上看，北约理事会和防务计划委员会是北约的主要决策机构。北约理事会由全体成员国的外交部部长和国防部部长组成，是北约内部最高的决策和权力机构。1949 年，在《北大西洋公约》签署之后，根据公约第 9 条规定成立了北约理事会，并于同年在华盛顿召开了第一次理事会会议。1952 年，北约理事会在里斯本召开会议，会议决定完善北约内部的组织机构，在北约理事会内部成立常设理事会，随后又分别建立了部长理事会和首脑理事会。其中，常设理事会负责日常事务的处理，部长理事会审议重大政治和安全议题，而首脑理事会则主要负责审议北约的自身制度和组织机构问题。防务计划委员会是从属于北约理事会的机构，它设立于 1963 年，是一个负责审议与制定北约防务政策和计划的机构，也是北约最高的军事决策机构。防务计划委员会的成员由参与北约军事一体化的成员国国防部部长组成。[②]北约理事会及以防务计划委员会为代表的为理事会服务的各个专门委员会构成北约内部的文职机构。除了这些文职机构外，根据北约的安全和防务职能，北约内部还包括一些重要的军事机构。在冷战期间，北约的军事机构主要有军事委员会、盟军司令部，以及军事委员会下设的区域性军事计划小组等，其中欧洲盟军司令部（1951 年）、大西洋盟军司令部（1952 年）、海峡司令部（1952 年）、加拿

[①] Barbara Koremenos, "When, What, and Why Do States Choose to Delegate?" *Law and Contemporary Problems* 71, no.1(2008): 179.

[②] 布莱恩·J. 科林斯：《北约概览》，唐永胜、李志君译，世界知识出版社，2013，第 31 页。

大-美国地区计划小组是北约主要的军事指挥机构和决策执行机构。① 而这些机构的负责人几乎都由美国的代表担任。例如，时任美国总统的艾森豪威尔和海军上将林德·麦考密克分别担任当时的欧洲盟军司令部和大西洋盟军司令部的司令。冷战结束后，北约的内部组织机构进行了一些调整，主要是针对军事机构展开，包括缩减盟军司令部、精减军事指挥层次、建立灵活的军事反应机构（"联合派遣部队"）、建立处理防区外事务的专门性外围组织（欧洲-大西洋伙伴关系理事会与"和平伙伴关系计划"）。但是，这些调整并没有在本质上动摇北约内部机构职能，以及各个机构之间的权力关系，北约理事会依旧是北约内部的最高权力机构，而美国依旧对北约内部的主要机构，如对两个军事指挥机构（欧洲盟军司令部和大西洋盟军司令部），掌握主要控制权。

其次，从北约的决策制度上看，北约基本上遵循"协商一致"的原则。在冷战时期，北约理事会遵循绝对的"协商一致"原则，每个成员国都拥有相同的投票权，任何决议的通过需要所有成员国的全体同意，每个成员国都享有一票否决权。基于这一决策程序原则，为了减少作为委托人的成员国内部偏好异质性所导致的分歧和低效，北约成员国将"协商制度"作为处理成员国之间偏好异质性、促进一致性决策达成的重要补充制度。通过协商的方式促成决策的广泛一致在北约有着根深蒂固的传统。1956年，北约正式提出在决策形成的过程中实施"协商制度"，在决策形成之前对相关议题进行集体讨论。② 作为一个政府间国际组织，北约虽然享有法律上的独立性，但是在实践当中，北约的任何决策几乎都需要同成员国进行协商。正如英国驻北约理事会代表弗兰克·罗伯茨所说的那样，在北约中，我们代表我们的政府，我们需要将本国的观点传递到北约，同时将北约的观点传递到政府。③ 北约的"协商制度"除了成员国在多边框架内进行集体商

---

① Robert S. Jordan and Michael W. Bloome, *Political Leadership in NATO: A Study in Multinational Diplomacy* (New York: Routledge, 2019), p. 14.

② Thomas J. Kennedy, *NATO Politico-Military Consultation* (Washington: National Defense University Press, 1984), p. 8.

③ Martin A. Smith, *NATO in the First Decade After the Cold War* (Boston: Klnwer Academic Publishers, 2000), p. 6.

讨，共同制定相关决策外，还包括一国的单方决策成果在北约内部的传递。尤其是在冷战时期，美国在北约当中拥有着几乎绝对的话语权，因此美国会单方面做出决策，通过信息传递的方式知会其他成员国决策结果，但是一般情况下不会有成员国反对美国的决议。冷战结束后，成员国对北约的决策制度进行了调整，基于冷战后北约成员国之间对抗苏联集团的共同利益基础不再存在，成员国之间对追求个体利益的需求增强，彼此的利益分歧也逐渐凸显。因此，成员国内部的决策机制由原本的"绝对协商一致"原则转变为"一般性协商一致"原则，即在没有获得所有成员国全部同意的情况下，部分成员国也可以采取行动。"联合派遣部队"就是一个典型例证。"联合派遣部队"是冷战结束后北约在欧洲盟军司令部内建立的一种"意愿联盟"，主要的职能是对北约及其成员国所面临的潜在威胁做出灵活反应，它可以在未获得全体成员国一致同意，但是获得部分成员国同意的情况下行动。① 除此之外，原本的协商制度范围进一步扩大，参与协商的主体扩大到"联合派遣部队"、欧洲-大西洋伙伴关系委员会，以及和平伙伴计划当中，② 并且协商范围也扩展到几乎所有的政治安全问题之上。可以看出，北约内部通过一致性同意和协商制度，充分保障了北约成员国的需求在北约各项行动中的反映和体现，同时，美国在成员国当中的主导性也在很大程度上减少了成员国偏好异质性对成员国控制北约所形成的阻力。

最后，从北约的执行程序上看，成员国非常重视对北约行动的指挥和控制，北约的重要决策机构均由以美国为首的主要成员国代表把控，而北约的执行机构与决策机构之间存在明显的隶属关系。北约是一个军事职能突出的政府间集体安全组织。在北约内部，最高的执行机构是军事委员会，军事委员会对北约理事会负责，接受北约理事会的指挥，执行所有北约理事会做出的行动决议。同时，军事委员会负责指导下属战区司令部，而战区司令部又直接指挥下设的隶属司令部，③ 形成一个层级清晰，且上下级之

---

① David S. Yost, *NATO Transformed: The Alliance's New Roles in International Security* (Washington: United States Institute of Peace Press, 1998), p. 200.

② 刑骅、苏惠民、王毅主编《新世纪北约的走向》，时事出版社，2004，第380页。

③ Thomas J. Kennedy, *NATO Politico-Military Consultation* (Washington: National Defense University Press, 1984), p. 13.

间的指导和指挥关系十分紧密的执行体系。冷战结束后，北约的执行制度在此基础上进一步增强。鉴于北约在冷战后的组织规模扩大，以及职能范围的扩张，为了确保这种执行指挥结构不被松动，北约建立起多国指挥体制，强化西欧联盟对北约的政治控制和战略指导。在此基础上发展出的新的指挥关系，如指挥与支援关系（supported-supporting command relationship），赋予北约理事会、军事委员会更大的权限，提高对下级指导和指挥的效率与灵活性，从而确保在既有的指挥结构不变的情况下对不同层级执行机构之间的指挥协调性。

可以看出，在成员国的严格控制下，北约所拥有的自主性空间非常小。北约从成员国那里获得的授权是具有较高限制和条件的授权，对于任何重要的议题，尤其是涉及军事的核心议题，北约管理层的决策都需要获得成员国的同意。

四、成员国对北约实施有效控制的主要原因：成员国对偏好异质性的克服

"委托-代理"理论认为，政府间国际组织利用自主性脱离成员国控制的一个重要来源就是作为集体委托人的国家内部偏好异质性。成员国之间由于各自的利益倾向的不同而导致的偏好异质性越强，其内部就越难形成统一的决策，政府间国际组织发挥其自主性的空间就越大。作为理性的行为主体，每个国家在特定议题上的利益需求不可能完全相同，它们在成员国集体决策中表达和追求自身利益需求的能力与它们各自在成员国体系结构中的位置有关。从这个层面上讲，成员国偏好异质性对集体决策的影响在很大程度上取决于成员国之间基于力量对比关系所形成的决策规则。

北约是一个以政治安全职能为主的区域性政府间国际组织，其中美国主导着北约成员国之间的安全体系结构。正如理查德·L. 库格勒（Richard L. Kugler）所说的那样："北约是基于美国的利益和战略需求而建立的……未来美国的政策也将对北约的决策产生重大影响。"[1] 虽然冷战期间美国在北约中

---

[1] Richaed L. Kugler, *NATO's Future Role in Europe: Toward a More Political Alliance in a Stable "$1^{1/2}$ Bloc" System* (Santa Monica: The RAND Corporation Press, 1990), p. 6.

的相对力量有着不同程度的变化,且在冷战结束后,美国在北约成员国当中的影响力也相对减弱,但是只要以美国为主导的体系结构能够为成员国提供共同的安全利益保障,那么美国主导的北约体系都会继续维持,相应地,就会减弱北约成员国内部的偏好异质性,保障成员国对北约的持续有效控制。

美国之所以能够对成员国之间的集体决策施加持续稳定的控制和影响,主要是因为美国拥有着军事实力的绝对优势,在北约成员国当中承担着更多的责任和义务。这一点在北约成员国军费开支的分配状况中就可以体现。美国是北约成员国当中军费开支最多的国家,在冷战时期及冷战结束后的十年间,美国的军费支出均大于北约其他国家军费支出的总和。现截取1961—1965 年、1987—1991 年、1995—1999 年三个时间段中北约内部成员国军费支出的数据进行比较,如图 5-1、图 5-2、图 5-3 所示。

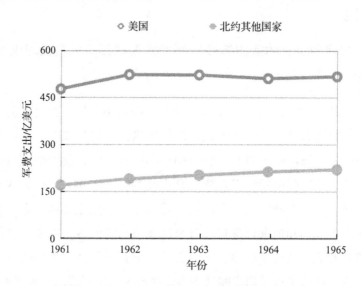

图 5-1　1961—1965 年北约成员国军费支出对比

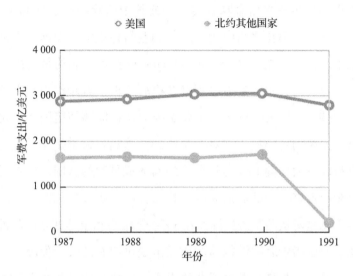

图 5-2　1987—1991 年北约成员国军费支出对比

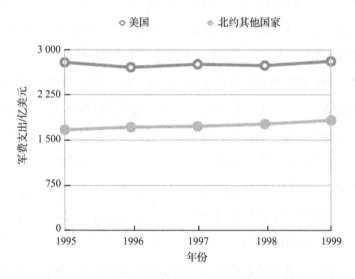

图 5-3　1995—1999 年北约成员国军费支出对比

北约的这种防务支出分配制度早在《布鲁塞尔条约》时期就奠定了基调，当时的西欧相关国家希望美国能够为它们恢复国内经济及国家防务能力等方面提供充分的援助。1977 年，北约开始明确提出按照成员国之间的国内生产总值的百分比来计算成员国所应承担的军费份额。对于美国来说，虽然承担更多的防务支出意味着美国在北约中所承担的责任和义务更多，但同时也意味着美国在北约中所追求的利益目标更大。美国前欧洲安全事务主任巴里·洛温克伦（Barry Lowenkron）曾指出，北约是美国在欧洲发言的声音和存在的方式。美国之所以在冷战后也一直对作为欧洲防务组织的北约进行持续、巨大的投入，主要是因为这样能够使美国在一定程度上获得对欧洲安全的主导权，这对于美国的全球霸权来讲是非常关键的。而这种主导权在很大程度上也得到了北约其他成员国的认同，或者说即使不认同，至少也没有一个足够强大的力量与美国的主导权相匹敌。北约其他成员国并不总是听从美国的指挥，在1974年希腊和土耳其之间的冲突事件中，希腊政府曾指责北约没能够为成员国提供应有的安全保障，且美国明显偏袒土耳其。于是希腊退出了北约军事一体化机构，并要求美国和北约从希腊的军事基地撤出。针对希腊的举动，美国随即增加对土耳其的军事援助，大大增加了对希腊的安全威胁，迫使希腊不再要求美国和北约撤出希腊的军事基地。

此外，美国在北约共同资金（common funds）中所占比例长期居于主导地位。北约的共同基金由对集体预算和计划的直接捐款组成，仅相当于盟军国防支出总额的0.3%（2023年约为33亿欧元）。自北约成立以来，共同资金在支持联盟的目标、优先事项和核心任务方面发挥了战略作用。盟国集中其集体资源，以提供和交付关键的北约计划和能力。当确定了某一优先事项或倡议时，资源政策和规划委员会（Resource Policy and Planning Board，RPPB）评估是否适用共同资金原则。换句话说，RPPB拥有评定某项能力的提供或某项活动的开展是否符合北约的整体利益的权力，并据此决定是否应由共同资金提供资源。共同供资安排适用于北约民事和军事预算，以及北约安全投资方案（the NATO Security Investment Programme，NSIP），其在强化北约联盟，提供主要能力，实现威慑、防御和互操作性，支持最高级别的咨询和决策方面发挥着重要作用。这是北约当局根据联盟的总体目标和优先事项确定其资金需求的唯一资金。盟国对北约的共同资金缴款是根据北约成员国国内生产总值得出的商定费用分摊公式确定的，在涉及军事共同资金的地方——军事预算和北约安全投资方案——"超越"（over and above）原则指导盟国的决定。从本质上讲，它侧重于满足盟国无法单独承担的诉求。2006年，北约国防部部长同意将至少2%的国内生产总值用于国防开支，以继续确保联盟的军事准备。该指导方针可以作为一个国家为北约共同防御作出贡献的政治意愿指标。以盟国国内生产总值衡量，非美国盟国的财富几乎与美国相当。然而，非美国盟国的国防开支加起来还不到美国国防开支的一半，这种不平衡在北约历史中一直存在。"9·11"事件后，美国大幅增加了国防开支，占北约整个联盟国防开支的约三分之二。此外，美国的国防开支还涵盖了"欧洲-大西洋"地区以外的防务承诺。2007—2008年金融危机的影响，以及截至2014年许多盟国用于国防的资源比例下降加剧了这种不平衡，也暴露了欧洲盟国之间日益严重的能力不对称。

  为了配合北约不断变化的政治军事目标和需要，北约共同资金的标准会定期进行审查和调整。在2021年布鲁塞尔峰会上，北约领导人同意增加北约资源，包括必要的北约共同资金，同时强调资金的可持续性、可负担性和问责制。在2022年马德里峰会上，北约领导人承诺从2023年开始为北约所有三个预算①制定具体的财政轨迹。可以看出，美国在北约成员国当中实力的绝对优势使北约成员国作为集体委托人能够维持一个相对稳定的内部权力结构，从而能够在很大程度上缓解成员国内部的偏好异质性，促进集体委托人内部决策和行动的一致性，进而增强成员国对北约组织控制的有效性。

---

  ① 即民事预算（the civil budget）；军事预算（the military budget）和北约安全投资计划（the NATO Security Investment Programme）

第二节　处于中间道路的政府间国际组织：
以国际货币基金组织为例

"委托-代理"研究纲领下国家与政府间国际组织的互动关系的一个主要特点和优势就是"委托-代理"理论观察到不同情况下国家与政府间国际组织的互动关系的差异性。政府间国际组织并非在任何情况下都会遵从国家委托人的利益偏好，但是成为一个完全脱离国家委托人控制的、完全自主的独立行为主体也不符合经验现实。"委托-代理"理论认为，国家委托人的利益偏好与特定政府间国际组织的实际行动之间的关系并非一成不变，它会基于一些主要的因素而产生变化。因此，不同的政府间国际组织在特定领域的行为对成员国意愿的服从和遵守程度是截然不同的。一些政府间国际组织在绝大多数时间尽职地执行国家委托人的意愿，如北大西洋公约组织，而另一些政府间国际组织在某些议题领域担当着国家的尽责代理者角色，但是在其他议题领域则可能受其他因素影响，表现为脱离国家控制的行为主体，国际货币基金组织就是典型的处于中间道路的政府间国际组织。

一、国际货币基金组织的成立：竞争下的怀特方案和凯恩斯方案

国际货币基金组织是第二次世界大战后国际货币体系重建的重要成果。1945 年 12 月 27 日，29 个国家签字批准了《国际货币基金协定》（*Agreement of the International Monetary Fund*）标志着国际货币基金组织的正式成立，其总部设在美国的华盛顿。

国际货币基金组织是因应遭遇两次世界大战后急需修复和重建的国际金融秩序而成立的。在"布雷顿森林体系"建立之前，国际金融体系的主要特征是金本位制，各国的国际收支是通过黄金在贸易国之间的流动完成的。在整个 19 世纪，传统金本位制是国际货币秩序稳定的基础。随着第一次世界大战的爆发，各个国家为了保障本国的战时资源，将本国国内的经济发展问题置于维护国际货币秩序的稳定之上，严格控制本国的黄金供应，

停止黄金与货币的自由兑换。这种"以邻为壑"的经济保护主义政策使得很多国家的国内经济在第一次世界大战之后及20世纪30年代的经济大恐慌时期遭受到了严重的打击。第一次世界大战之后,在一个缺乏国际协调机制的条件下,《凡尔赛和约》的签署给战败国造成了巨大的赔款压力,致使很多战败国难以实现战后的经济复苏,且由于英国国力的衰弱,由其主导的国际货币体系在缺乏霸权国提供的稳定秩序的基础的情况下陷入一片混乱。虽然在第二次世界大战爆发前,通过国际合作修复战后金融秩序的尝试并没有停止过,例如在国际联盟中成立金融委员会(Financial Commission);1920年召开"布鲁塞尔会议"(The Brussels Conference),要求各国中央银行保持独立,并探讨和研究国际货币体系的重建问题;[1] 1922年召开"热那亚会议"(The Genoa Conference),提出建立"金汇本位制",降低对黄金的使用和依赖,但是由于当时不稳定的国际政治和经济环境、各国的经济保护主义及美国的孤立主义政策,使得这些尝试没能成功地建立起一个稳定的国际金融秩序。1929年,全球爆发经济大萧条,各国为稳定国内收支,纷纷采取扩张性经济政策,导致黄金储备外流,一些国家甚至宣布停止对黄金的兑换,金本位制再度瓦解。与此同时,很多国家开始采取干涉主义的方式对国内经济秩序进行改革,例如,当时的美国和英国都将国内的货币决策权集中到政府。到了第二次世界大战期间,在经济大萧条的教训下,美国和英国都意识到重建国际政治经济秩序的重要性,尤其是美国开始扭转第一次世界大战后的孤立主义政策,决定与其他国家共同合作,以开放和多边主义的原则建立战后新的经济秩序。1941年,第二次世界大战还未结束之时,在当时美国总统富兰克林·罗斯福的倡议下,美国和英国两国的首相召开了"大西洋会议",并签署《大西洋宪章》(*The Atlantic Charter*)。此后,又于1942年签署"互助协定"(Mutual Aid Agreements)。在这两次主要的谈判中,美英这两个新旧霸权国家之间共同达成以"多边主义"为依据来设计战后经济秩序的共识,并开始对战后经济秩序的具体安

---

[1] Barry Eichengreen and Peter B. Kenenn, "Managing the World Economy under the Bretton Woods System: An Overview," in *Managing the World Economy: Fifty Years after Bretoon Woods*, ed. Peter B. Kenenn(Washington: Institute for International Economics, 1994), p.8.

排进行设计，分别形成了"怀特方案"和"凯恩斯方案"两个彼此竞争的方案。

无论是美国还是英国，战后全球经济秩序的构建都需要解决两个主要问题：第一，需要重建一个能够恢复各国战后国内生产力、平衡债权国和债务国关系的国际支付体系；第二，要建立一个能够协调国家间货币政策、维护国际收支平衡的货币体系。因应这两个问题，英国于1943年3月公布由英国著名经济学家约翰·梅纳德·凯恩斯（John Maynard Keynes）拟定的"凯恩斯方案"。该方案提出，面对第二次世界大战所导致的严重失业及高额国际收支逆差，建立"国际清算联盟"（International Clearing Union，ICU），并在联盟内创建新的记账单位"班科"（Bancor），按照各国与记账单位之间的汇率，共享成员国的收支状况，保障贷款余额在成员国之间的流通，从而在维持汇率稳定的基础上消除成员国贷款的任何限制。① 凯恩斯的方案体现出英国在遭受重创后急需获得充足的资金、重建和扩张国内经济、解决巨额的财政赤字和失业问题的迫切需求。同时，这一方案明显要求美国在国际融资方面承担较多的责任，从而使战后的国际金融秩序能够为重建英国的霸权地位所服务。② 美国财政部首席国际经济学家亨利·德克斯特·怀特（Harry Dexter White）则提出应当放弃金本位制，由各个国家的国家机关决定和控制汇率价格，并通过国际协议制定全球固定汇率。他认为第二次世界大战结束后国家之间在国际货币和金融方面的合作将对国际经济秩序的构建起到关键作用。美国在1943年4月公布了凯恩斯草拟的经济计划：提出建立联合国稳定基金（United Nations Stabilization Fund），用于约束成员国的货币汇率变动，同时要求成员国按照在基金中的份额进行贷款，减少美国在国际融资中承担的责任；建立联合国复兴银行（Bank for Reconstruction of the United and Associated Nations），用于为成员国的战后

---

① Richard N. Gardner, *Sterling-Dollar Diplomacy in Current Perspective*：*The Origins and the Prospects of Our International Economic Order*（New York：Columbia University Press, 1980），p. 79.

② John Gerard Ruggie, "International Regimes, Transactions, and Change：Embedded Liberalism in the Postwar Economic Order," *International Organization* 36, no.2(1982)：398.

重建和国内经济发展等提供长期资金，通过这种方式提升全球消费能力，降低成员国之间的贸易壁垒。这也是国际货币基金组织和国际复兴开发银行成立的基础。怀特的方案彰显出美国建立美国主导的战后国际经济秩序框架，从而维护其战后霸权地位的需求。

1943年下半年，由凯恩斯和怀特率领的代表团就不同的方案进行了长期博弈，经过一系列协商和磨合后，英国做出了让步，最终以"怀特方案"为主要内容，达成合作共识。1944年7月1日，44个国家共同在美国参与召开了"联合国货币金融会议"(The United Nations Monetary and Financial Conference)，并于同年7月22日签署了《国际货币基金组织协定》（以下简称《协定》）和《国际复兴开发银行协定》，国际货币基金组织正式成立，并于1947年3月1日正式运营。作为全球三大经济支柱之一，国际货币基金组织是全球性国际货币合作的重要平台，担任着国际货币合作监督者和组织者的角色。国际货币基金组织的成立为国际货币合作提供了四个主要的规范框架：国际收支、国际储备、汇兑安排和外汇管制。这些是国际货币基金组织的主要职能所在，也是国家授权成为该组织成员国的主要原因。

二、国际货币基金组织的运作机制：成员国与国际货币基金组织的互动框架

政府间国际组织的运作机制是成员国与政府间国际组织互动的框架，因为它规定了成员国的入会原则、成员国之间合作的制度化程度、成员国与政府间国际组织互动的结构与议题范围，以及资源的分配等状况。

关于一个国家如何通过成为国际货币基金组织的成员国的方式实现国际货币合作，《协定》的规定十分宽松。只要一个国家愿意授权给国际货币基金组织并遵守国际货币基金组织成员国应当遵守的义务，就可以获得成员国资格，并且《协定》特别强调对认定成员国资格的"非歧视和一视同仁"(non-discrimination and uniformity)原则。各个成员国在国际货币基金组织中的投票权除了250个基本投票权外，剩下的部分是由它们在组织中的"配额"(quotas)所决定的。配额指的是每个成员国提供给国际货币基

金组织的资金,每个成员国所认缴的配额是不同的,具体数额会根据各成员国本国的经济规模通过特定的公式计算得出。因为基本投票权在一国所有投票权中所占的比重相对较小,因此,经济实力越强的成员国认缴的配额就越多,拥有的投票权也就越多。例如,在国际货币基金组织所有成员国中,美国认缴的配额最多,因而美国拥有的选票也最多,对相关重大议题的影响力也最大。国际货币基金组织中最高的权力机构是由所有成员国的政治代表(每个成员国一名理事和一名副理事)组成的理事会。理事会每年都会召开一次例会,商讨国际货币基金组织的各项重大问题,它有权确定或终结成员国资格、确定及调整国际货币基金组织的份额规模,选举和任命执行董事会董事等。每个成员国会派出两位代表作为理事会的理事,他们的任期均为5年。作为国家的代表,国际货币基金组织的理事会扮演着准委托人的角色。在国际货币基金组织成立之初,作为准委托人的理事会希望争取对国际货币基金组织更多的主导和控制权。例如,理事会曾设立专门的委员会,负责对提供给理事会的国际货币基金组织报告进行讨论,从而强化对国际货币基金组织的监督,但是这样的努力并没有达到预期的效果。① 因此,虽然理事会理论上享有着对国际货币基金组织的最终权威,但是它们还是按照《协定》的约定授权给执行董事会(Executive Board)负责对组织的日常事务进行重要决策。执行董事会是国际货币基金组织的常设决策机构,其办公地点位于美国华盛顿,负责处理组织的所有日常事务。执行董事会由24名执行董事(Executive Director)组成,在2016年1月26日《董事会改革修正案》生效之前,每个执行董事的产生有两种方式:指定(appoint)或选举(elect),其中在国际货币基金组织中拥有最大份额的五个国家(美国、英国、德国、法国、日本)可以任命5位执行董事,剩下的19位执行董事则通过成员国的选举产生,而在修正案生效之后,24位执行董事都将会通过成员国的选举而产生。这在一定程度上削弱了主要成员国对国际货币基金组织的人事控制权。执行董事会主席又称为国际货币基金组织总裁(Managing Director),是国际货币基金组织的最高

---

① Frank A. Southard, "The Evolution of the International Monetary Fund," *North Carolina Journal of International Law* 5, no.3(1980): 427.

行政首脑，理事和执行董事有权提名总裁，但最终人选是执行董事会按照协商一致的原则确定的，他们的任期为5年，可以连任。总裁在国际货币基金组织中的宪政地位是十分重要的，因为他们可以控制国际货币基金组织的议程。各个部门的总干事向总裁提交信息和报告，并由其提交并主持执行董事会进行讨论。一般情况下，执行董事会将根据协商一致的原则进行决策，但是对于部分重要的议题，执行董事会也会采取投票的形式进行表决。因此，长期以来，国际货币基金组织的总裁都由欧洲人担任。理事会和执行董事会是国际货币基金组织日常运营的代表性机构，是国际货币基金组织决策的关键。除此之外，国际货币基金组织还在理事会和执行董事会之间设立了两个专门的部长级委员会：国际货币与金融委员会（International Monetary and Financial Committee，IMFC）和发展委员会（Development Committee）。国际货币与金融委员会主要负责向理事会提供和报告对国际货币基金组织的管理和监督意见，由来自理事会的24位理事组成。IMFC每年会举行两次会议，对提交给理事会的各项提案进行商讨，因此，IMFC在国际货币基金组织中的地位越来越重要。发展委员会于1974年10月成立，其主要的职能是向理事会提供关于发展中国家经济发展和金融资源等问题的咨询意见。发展委员会由25位来自理事会的理事组成。

三、国际货币基金组织协定的历次修正：大国对国际货币基金组织的影响及变化

国际货币基金组织的成立与发展是第二次世界大战后国际政治经济格局变化的缩影，也反映出霸权国美国及世界主要大国对国际政治经济影响力的变化。从国际货币基金组织成立之初美英两国之间的领导权之争，到20世纪70年代美国在国际经济和金融领域的霸权弱化，再到21世纪初国际政治经济领域的动荡、发展中国家在国际货币基金组织中重要性的提升，这些几乎都反映在《国际货币基金组织协定》的几次重大的修正当中。《国际货币基金组织协定》（以下简称《协定》）为国际货币合作提供了相对完整的合法化纲领体系，明确了成员国与国际货币基金组织之间的权利义务关系，同时也是国际货币基金组织的组织章程，建构了国际货币基金

组织运行的制度基础。《协定》从生效至今共经历了七次修正，本书从中选取主要的修正内容来加以分析，如表5-1所示。

表5-1 《国际货币基金组织协定》修正表①

理事会批准时间	所形成决议	生效时间
第一次修正：1968年5月31日	第23-5号决议	1969年7月28日
第二次修正：1976年4月30日	第31-4号决议	1978年4月1日
第三次修正：1990年6月28日	第45-3号决议	1992年11月11日
第四次修正：1997年9月23日	第52-4号决议	2009年8月10日
第五次修正：2008年5月5日	第63-3号决议	2011年2月18日
第六次修正：2008年4月28日	第63-2号决议	2011年3月3日
第七次修正：2010年12月5日	第66-2号决议	2016年1月26日

第一次修正案于1969年7月正式生效。对《协定》的第一次修正主要是源于20世纪60年代后期美元的收支赤字问题导致的国际货币体系动荡。从1945年到1968年，国际货币基金组织几乎是完全由美元主导的。在布雷顿森林体系时期，《协定》所确定的国际货币合作机制是以美元为核心的，美元与黄金直接挂钩，其他货币与美元直接挂钩。这使美元成为最主要的国际准备资产，有效缓解了黄金储备的短缺。美国通过向第二次世界大战后遭受重创的国家，尤其是西欧国家，提供国际收支赤字融资的方式，确定和稳固了国际支付体系对美元的依赖，保障了美元的主导地位，同时，通过马歇尔计划实现与西欧国家的货币合作，确保美国在国际社会中的政治和经济霸权地位。但是，随着国际社会对美元的需求量不断增加，美元也逐渐开始面临很多问题。1960年，耶鲁大学教授罗伯特·特里芬（Robert Triffin）提出，由于美元和黄金直接挂钩，美元是国际社会的净债权国，各国对美元储备的需求会不断增加。然而，黄金作为贵金属，受客观因素的限制，无法跟上美元增加的速度，这将会使美元兑换黄金的比率不断提升，同时使美元的流动变得十分困难，很容易导致美国的贸易逆差。一旦美元的对外负债超过黄金储备，且各国都按照官方汇率将持有的美元

---

① "Articals of Agreement of the International Monetary Fund," IMF, March 24, 2017, accessed Otober 30, 2023, http://www.imf.org/external/pubs/ft/aa/index.htm.

均兑换为黄金，那么以美元为中心的国际货币体系将会崩盘，美国也会面临失去所有黄金的风险。① 这就是著名的"特里芬难题"。特里芬的预言在整个 20 世纪 60 年代成为现实，马歇尔计划和美国不断扩展的海外军事支出导致美国的黄金储备大量外流，美元的信用开始动摇，出现美元危机。② 为了解决美元危机，防止美国的黄金外流，维护美国霸权，美国提出在保障美元作为国际通用准备资产地位的基础上，创立新的国际准备资产作为美元的补充。这一构想获得了除法国外很多大国的支持，因为法国认为当务之急是结束美国在国际货币体系中的霸权地位。美国和法国经过数年的博弈后，最终法国做出主要让步，在 1967 年巴西里约热内卢国际货币基金组织年会上，达成了将"特别提款权"（Special Drawing Rights，SDR）作为新的国际准备资产的原则性协议。1968 年，十国集团在斯德哥尔摩会议上通过了协议，确定特别提款权作为一种国际准备资产，国际货币基金组织的成员国可以直接利用特别提款权与其他资产进行兑换，例如，向其他成员国换取外汇，以弥补国际收支逆差。该修正案于 1969 年 7 月 28 日正式生效。

《协定》的第二次修正发生于 1976 年 4 月 30 日，其修正的主要背景是布雷顿森林体系所建立的固定汇率制度崩溃。这次修正在主要成员国的倡议下确立了浮动汇率制度，同时完善了国际货币基金组织的内部结构、决策机制等，总的来说，将美国对国际货币基金组织的主导权转而由主要发达国家共同控制。在《协定》第一次修正创设特别提款权之后，特别提款权的启用并没有有效地缓解美元危机，因为其本质上并未改变美元作为国际货币的现实。到了 20 世纪 70 年代初，美国的国际收支逆差持续扩大，导致世界主要大国与美元之间的通货膨胀差异日益严重，美元的实际利息收益率低于黄金市场溢价收益率，导致国际汇率彻底失衡，美元的国际地位已然无法维系。于是，时任美国总统的理查德·尼克松（Richard Nixon）决定在美国国内实行新的经济措施，以因应这一困境，并在 1971 年 8 月 15 日单方面宣布临时中止美

---

① 丁志杰：《从特里芬难题到三元悖论陷阱为发展中国家汇率和资本流动管理正名》，《IMI 研究动态》2017 年第 50 期，第 13 页。

② 李小娟：《货币政策国际协调》，经济科学出版社，2006，第 150 页。

元与黄金的直接兑换，使美元与黄金脱钩，同时提高10%的进口附加税，从而间接改变与其他国家的汇率。尼克松的新经济政策给国际金融市场带来巨大混乱，加之石油危机的爆发，西方主要经济大国纷纷召开各种国际会议要求对多边货币政策进行调整，因应美国新经济政策给各国带来的负面影响，但都收效甚微，布雷顿森林体系下的国际货币合作秩序基本瓦解。1975年11月，"六国集团"（美、法、联邦德国、英、日、意）会议在法国召开，形成G6联合宣言。1976年1月，国际货币基金组织在牙买加召开临时会议，以G6联合宣言为蓝本，对《协定》进行第二次修正。这次修正形成了"牙买加体系"，确定了由美、欧、英、法等主要大国所主导的特别提款制度。其成果主要有：启用浮动汇率；将黄金与货币脱钩；将美元本位更改为特别提款权本位，规定特别提款权的价值和利息由国际货币基金组织根据"一篮子货币"（包括美元、欧元、英镑、日元）来定值；① 增加成员国在国际货币基金组织中的基金份额；强化对发展中国家的融资；重新设定执行董事的结构和数量，并允许国际货币基金组织增加执行董事的总数等。② 《协定》的第二次修正改变了特别提款权与黄金和美元的双挂钩，使得其被确定为一篮子货币。同时，第二次修正在一定程度上扩大了国际货币基金组织的监督职能，例如，在《协定》中加入第四条（运行至今），即成员国可以通过特别提款权或由其选定的除黄金外的其他标准来维持本国货币价值；国际货币基金组织对国际货币体系的发展有建议权，且有权要求成员国就本国汇率政策与国际货币基金组织协商。这些规定改变了美国对国际货币基金组织的绝对主导权，但是《协定》的两次修正实际上仍没有摆脱西方经济大国尤其是美国霸权的主导。

从《协定》的第二次修正直到2010年第七次修正生效之前，美元、欧元、英镑和日元一直都是构成特别提款权的主要货币，且其间国际货币基金组织的改革主要是因应发达国家的诉求，是在发达国家的主导下进行的。例如，《协定》的第三次修正的主要背景是20世纪80年代的债务危机，此次危

---

① "Financial Organization and Operations of the IMF," accessed October 30, 2023, International Monetary Fund, https://www.imf.org/external/pubs/ft/pam/pam45/contents.htm.

② 杨松：《国际货币基金协定研究》，法律出版社，2000，第10-12页。

机导致很多成员国拖欠贷款，严重影响在国际货币基金组织中份额较多的国家的利益。因此，在美国等主要发达国家的提议下，对于拖欠贷款的国家，国际货币基金组织有权暂停其投票权，并将此作为强制成员国退出国际货币基金组织的前置程序。这一提议受到很多发展中国家的反对，然而，美国、法国、德国、日本、英国五个发达国家的总份额（当时达到42.62%）足以在多数表决中起到主导作用。第四次《协定》的修正到生效历经了近12年之久，这次修正是在时任国际货币基金组织总裁康德苏的长期努力下提出的，主要目的是通过提升特别提款权的额度，强化特别提款权的范围和影响力，使得尽可能多的成员国分享到特别提款权的成果。《协定》的修正案早在1997年9月就获得理事会的通过，但是拥有一票否决权的美国迟迟没有认可这一修正案。到了2008年，在全球金融危机的打击下，美国对于国际货币基金组织增资的需求大大提升，才于2009年6月在国会通过第四次修正。该修正于同年8月份生效。① 这也充分反映出美国对国际货币基金组织的主导权。《协定》的第五次和第六次修正均发生在2008年，这两次修正主要是为了在国际货币基金组织中扩大投资账户的投资权限，从而实施新的收入模式。但不同的是，第六次修正在一定程度上开始关注发展中国家及低收入国家的诉求。实际上，在2006年，国际货币基金组织就通过了一个短期改革决议，为中国、韩国、墨西哥及土耳其这四个长期以来份额被低估的成员国进行了份额特别增持。在此基础上，2008年4月，理事会通过了为54个份额被低估的国家提高份额的决定，同时将低收入国家的基本票从250票增加到750票。② 虽然这一系列改革措施在一定程度上关照了发展中国家，扩大了它们在国际货币基金组织中的发言权，但这仅仅是国际货币基金组织建立以来的第一次，而在此之前，对于发达国家所主导的加权投票数已经进行了数次提升，所以，从总体上来说，并没有改变主要发达国家对国际货币基金组织的主导权。在《协定》第六次修正的基础上，2010年，国际货币基金组织又进行了第七次

---

① "Governors Formally Approve US MYM 250 Billion General SDR Allocation," IMF, August 13, 2009, accessed October 30, 2023. https://www.imf.org/external/np/sec/pr/2009/pr09283.htm.

② "Proposed Amendment of the Ariticles of Agreement Regarding Basic Votes - Preliminary Considerations and Chairman's Summing Up," IMF, December 22, 2006, accessed October 30, 2023. https://www.imf.org/external/np/pp/eng/2006/122206a.pdf.

修正,这次修正的重要背景在于人民币逐渐成为其他国家的外汇储备之一。国际货币基金组织通过了将人民币纳入"特别提款货币篮子"的决议,同时增加了国际货币基金组织的总份额,调整成员国份额分配,进一步保障发展中国家的投票权;在此基础上,又对执行董事会进行改革,结束由发达国家指定的执行董事任免方式。此次改革由于美国国会一直没有通过而停滞了五年,直至 2016 年 1 月,IMF 正式宣布《董事会改革修正案》自 2016 年 1 月 26 日生效。自此,中国成为 IMF 第三大股东。

四、国际货币基金组织在条件性政策上的自主性:分配冲突和信息优势

向贷款需求国提供贷款是国际货币基金组织的一个核心职能,而贷款的条件性是国际货币基金组织向贷款国提供资金援助的政策性要求。在国际货币基金组织成立之初,成员国并未授权给国际货币基金组织设计或磋商条件性贷款政策的自由裁量权。① 虽然直到今天,国际货币基金组织仍未完全摆脱以美国为首的大国的主导性影响,但是至少在条件性政策上,国际货币基金组织已经获得了可观的自主性空间。

国际货币基金组织有两个资金管理部门:一般账户管理部门(The General Department)和特殊提款权部门(The Special Drawing Rights Department),② 前者管理国际货币基金组织的三个主要的资金来源账户,其中普通资金账户是由成员国按照份额所认缴的本国货币与储备货币组成的,是国际货币基金组织中最重要的资金账户。其他两个账户分别是特别拨款账户和投资账户。③ 后者主要管理国际货币基金组织的特别提款账户,对于一般资源账户成员国享有"自动性"的提款权。所谓的"自动性",并不意味着国际货币基金组织不附加任何条件地提供贷款资金,而是在国际货币基金组织的

---

① Harold James, *International Monetary Cooperation Since Bretton Woods*(New York: Oxford University Press, 1996), p.577.
② 王萍:《论 IMF 贷款条件性改革动向对亚投行的发展启示》,《理论月刊》2016 年第 5 期,第 128 页。
③ J.J. Polak, *Thoughts on An International Monetary Fund Based Fully on the SDR*(Washington: International Monetary Fund, 1979), p.14.

所有资金账户中，成员国只有对一般资源账户中的储备部分可以随时不附加任何条件地使用，提取的上限为25%。而对于一般备用安排，以及特别提款账户中的贷款，国际货币基金组织则附加了贷款条件。国际货币基金组织的条件性贷款政策并不是固定的。实际上，提供贷款资金作为国际货币基金组织的核心业务，一个宽松的条件性政策意味着成员国能够比较容易地从国际货币基金组织获得贷款和资金援助，而一个苛刻的条件性政策也诚然意味着成员国对资金的使用受到国际货币基金组织的严格控制。根据前文可知，国际货币基金组织的成立在很大程度上是服务欧洲主要国家战后经济恢复的资金需求及美国追求战后世界经济主导权的需要的。

因此，在国际货币基金组织成立之初，成员国，尤其是英国等欧洲成员国，主张模糊国际货币基金组织的贷款条件性，限制国际货币基金组织在制定和修改贷款政策上的自由裁量权和监管权，[1] 希望通过这种方式方便除美国外（因为美国是当时国际货币基金组织资金主要的来源）的多数成员国对国际货币基金组织中货币资源的使用。而美国则希望执行董事会对成员国的提款设置一定条件，从而限制美国之外的成员国对国际货币基金组织资金的使用。[2] 1948年，美国执行董事主张应对仍未归还借款的借款国设定提款限制条件，并且可以中断没有制定适当的经济改善政策的借款国对国际货币基金组织资金的使用。基于这一主张，同年5月，国际货币基金组织因为柬埔寨没有制定和实施有效的国内货币政策而暂停了柬埔寨的贷款申请。其他成员国的执行董事则认为这种政策过于苛刻。美国与其他成员国之间的这种分歧导致在1949年到1951年之间国际货币基金组织的提款机制陷入了僵局，成员国提款的总额仅为7680万美元，其中，1950

---

[1] Kenneth W. Dam, *The Rules of the Game: Reform and Evolution in the International Monetary System* (Chicago: University of Chicago Press, 1982), p.117.

[2] Kenneth W. Dam, *The Rules of the Game: Reform and Evolution in the International Monetary System* (Chicago: University of Chicago Press, 1982), p.118.

年，没有任何国家从国际货币基金组织中提款。① 1951年11月，国际货币基金组织的新任瑞典籍总裁伊瓦尔·鲁恩（Ivar Rooth）提出主张强化国际货币基金组织贷款条件的"鲁恩计划"。这项计划于1952年2月得到批准，在此基础上，国际货币基金组织被正式授予了设计条件性贷款协议的权威，并将"备用安排"作为国际货币基金组织的第一个条件性借贷工具。②

在被授权制定与修改条件性政策之后，国际货币基金组织开始践行并逐渐扩展在条件性政策方面的自主性，且其实践也逐渐偏离了成员国最初的设定，国际货币基金组织主张对所有成员国制定统一且严格的贷款条件，但是从成员国的立场出发，它们则希望这种条件最好是宽松的。可以说，成员国在条件性政策方面的分歧，以及国际货币基金组织在设计条件性政策方面的专业性和信息优势，促进了国际货币基金组织实施自主性空间的扩张。20世纪五六十年代，IMF采用的"条件性贷款"制度很好地说明了这一点。当时，英国正处于英镑危机当中，于是希望向国际货币基金组织寻求最高达14亿美元的贷款项。这引发了很多发展中成员国的不满，它们认为国际货币基金组织对发达国家和发展中国家所制定的条件性政策是不平等的，对发达国家的条件更加宽松。经过执行董事之间的无数次讨论，最终通过了对高档信用贷款备用安排的约束性条件，而国际货币基金组织则获得了实质性的议程设定权，以及对具体贷款项目的审批和监督权。到了20世纪70年代，成员国之间的利益冲突更加明显。由于发达国家的国内经济已经基本恢复，几乎不再过多地需要从国际货币基金组织提款，因此，它们对条件性政策的要求更加趋向于美国的立场，认为应强化提款的条件。而对于成员国中的发展中国家来讲，它们则希望国际货币基金组织制定宽松的条件，从而有助于它们的提款需求。1997年亚洲金融危机爆发

---

① De Vries, Margaret Garritsen and Horsefield J. Keith, *The International Monetary Fund*, 1945 - 1965: *Twenty Years of International Monetary Cooperation* (Washington: International Monetary Fund, 1969), p.276.

② De Vries, Margaret Garritsen and Horsefield J. Keith, *The International Monetary Fund*, 1945 - 1965: *Twenty Years of International Monetary Cooperation* (Washington: International Monetary Fund. 1969), p.403.

后，IMF开始把事前条件性引入贷款条件，并在改革过程中形成新的贷款制度。如临时贷款安排（contingert credit line，CCL）、短期流动性工具（short-term liquidity facility，SLF）、灵活贷款额度（flexible credit line，FCL）、短期流动性额度（short-term liquidity line，SLL）。对于成员国来讲，国际货币基金组织设定的关于贷款的期限条件是很容易被观察和衡量的，期限的长短直接反映贷款条件的宽松程度，并且不需要用专业的知识进行解释。但是，在确定一个贷款协议的额度、如何分期还款、应当设计多少还款条件，以及具体条件的类型等内容上，成员国则更加依赖国际货币基金组织的专业性。这就使得国际货币基金组织在制定条件性政策方面拥有较多的信息优势，进而获得较大的自主性空间。

第三节 突破约束的政府间国际组织：以世界卫生组织为例

政府间国际组织从成员国那里获得一定程度的权威是其发挥代理功能的基础，但是，成员国对不同政府间国际组织的授权程度和控制有效性是不同的，这使得一些政府间国际组织拥有较小的自主性空间（如北约），另一些政府间国际组织则能够在特定的领域充分发挥其自主性（如国际货币基金组织），而还有一些政府间国际组织从成立之日起就拥有极大的自主性空间，且在组织发展过程中逐渐远离乃至突破成员国在特定领域的影响和控制，世界卫生组织就是典型的例证。

一、世界最大的国际卫生机构：与生俱来的强大自由裁量权

"委托-代理"理论认为，自由裁量权是代理人实施自主性的基础。如果委托人在授权契约中赋予代理人重要的自由裁量权，同时制定较宽松的约束代理人的控制机制，那么代理人就有足够大的空间实施它们的自主性。与北约和国际货币基金组织相比，世界卫生组织在成立之时就被授予了强大的自由裁量空间，这为世界卫生组织在成立之后突破成员国的约束提供

了基础。

世界卫生组织成立于1948年,在此之前,虽然世界范围内已经存在很多区域性国际卫生机构,但是经历第二次世界大战的重创后几乎都形同虚设。一方面,这些国际组织在第二次世界大战后严重缺乏经费;另一方面,大多数既有的国际卫生机制都由发达国家主导创建,它们更加关注的是如何将疾病控制在本国境外,而很少关注发展中国家的健康和卫生问题。① 然而第二次世界大战后国际社会面临的公共卫生问题越发复杂化,第二次世界大战后的很多国家尤其是战争地区国家传染病肆虐,人们的健康受到极大的威胁,且当时交通运输的进步促进了人口之间的流动,使得国家不可能仅通过检疫的方式阻止各种疾病的入侵。于是,越来越多的国家政府认识到,如果公共卫生环境持续恶化,没有任何一个国家能够独善其身,而改善国际卫生环境则不仅需要每个国家自身的努力,还需要国家之间在国际层面达成合作、予以协调。1945年,在旧金山召开的联合国国际组织大会上,中国代表施思明与巴西代表苏扎、挪威代表卡尔·埃旺发现会议形成的《联合国宪章》初稿中并没有涉及公共卫生的内容,遂分别向本国代表团汇报并提议由三国向联合国国际组织大会共同提交修正议案,主张在《联合国宪章》初稿中加入涉及公共卫生的内容,并成立相应的国际卫生组织。② 此后,在时任联合国秘书长的阿杰尔·希斯的建议下,施思明和苏扎共同起草了《关于建立一个国际性卫生组织的宣言》,由中国和巴西两国共同发布。③ 这一宣言得到了大会的普遍认可,1946年联合国经济及社会理事会成立了技术筹备委员会,开始着手在联合国成立下设的专门国际卫生组织。同年6月19日到7月22日,在联合国经济及社会理事会的主持下,在纽约召开了"国际卫生大会"(International Health Conference),通过了

---

① Theodore M. Brown, Marcos Cueto and Elizabeth Fee, "The World Health Organization and the Transition from 'International' to 'Global' Public Health," *American Journal of Public Health* 96, no. 1 (2006): 62–72.

② Szeming Sze, *The Origins of the World Health Organzaition: A Personal Memoir, 1945–1948* (Boca Raton: L. I. S. Z. Publications, 1983), p.24.

③ 苏静静、张大庆:《中国与世界卫生组织的创建及早期合作(1945—1948)》,《国际政治研究》2016年第3期,第112页。

成立世界卫生组织的《世界卫生组织组织法》（以下简称《组织法》）草案，由18个国家组成过渡委员会，负责继续处理世界卫生组织的成立工作。直到1948年4月4日，26个创始会员国正式完成对《组织法》的法律审核工作，世界卫生组织正式成立，其总部设立于日内瓦。

  作为一个致力于最大程度实现人类健康的专业性政府间国际组织，世界卫生组织从成员国那里获得了重要的自由裁量权。《组织法》在第2条阐明了世界卫生组织的宗旨，指出世界卫生组织是一个国际卫生工作的指导和协调机构，在一系列广泛的领域消除疾病、促进人类健康、为成员国提供技术援助等。[①]其中，最重要的是在宗旨中明确提出世界卫生组织拥有对相关领域的公约、协约及规章的提案权和建议权、修改公共卫生领域的国际名词，以及制定粮食、药品等有关制品的国际标准的权力。可以看出，成员国在《组织法》中明确授权给世界卫生组织议程设定权、对重要信息的收集权、在国际卫生领域的规范倡导权，甚至赋予了世界卫生组织监督和惩戒成员国的权威。当成员国没有如约履行对组织的财政义务之时，世界卫生组织可以视情况决定中止特定成员国在世界卫生组织中所享有的权利，如投票权等。[②]这给予世界卫生组织较大的权力与广泛的独立行动空间。这些重要的授权使得世界卫生组织在成立后的各项公共卫生治理工作中有效地避免了政治和文化冲突的介入，充分发挥了作为一个专门性政府间国际组织的职能，在防治传染病、扩大健康覆盖范围上取得了重大成就。在传染病防治层面，世界卫生组织充分发挥着规则制定和标准倡导的作用。1948年，世界卫生组织发布了《国际疾病分类》，对有关疾病的分类和报告等内容制定了国际标准。1951年，世界卫生组织开始着手重新修订《国际公共卫生条例》，并于1969年将其命名为《国际卫生条例》。世界卫生组

[①] Andrew P. Cortell and Susan Peterson, "Dutiful Agents, Rogue Actors, or Both? Staffing, Voting Rules, and Slack in the WHO and WTO," in *Delegation and Agency in International Organizations*, ed. Darren G. Hawkins, David A. Lake, Daniel L. Nielson and Michael J. Tierney (New York: Cambridge University Press, 2006), p.264.

[②] 《世界卫生组织组织法》，第三章第7条：如会员国未履行其对本组织所担负之财政义务，或遇有其他特别情形，卫生大会认为情势适当时，可停止该会员国享有之选举特权及便利，卫生大会并有权恢复此种选举权及便利。

织在这一文件中写入了关于建立全球疫情监测系统的内容。这一系统是世界卫生组织对成员国国内传染病情况进行监控的主要途径。世界卫生组织规定成员国需要对系统所列的几种传染病情况向世界卫生组织汇报。在世界卫生组织的努力下，全球范围内的传染病得到了有力的控制。以天花为例，从1967到1974年，全球范围内可统计的天花病例从250万减少到20万。①

二、世界卫生组织发挥自主性的能力：专业性和分权化

政府间国际组织的人员构成与组织内部的运作机制影响着政府间国际组织发挥自主性的空间和能力。其中，工作人员的构成决定着政府间国际组织内部由什么样的职员组成。对于一个政府间国际组织来讲，国家代表一般不太可能发展出完全独立甚至背离其所属成员国的偏好，而由授权和选举产生的职员则更有可能代表政府间国际组织的利益。这一方面是因为被任命的职员往往是特定领域的专家，他们基于特定的知识背景和职业认同会形成一种共同的"适当性逻辑"（logic of appropriateness），② 这会促使相关的国际组织职员不拘泥于听从成员国的安排，更倾向于追求和遵循特定的价值目标和规范。另一方面，政府间国际组织作为一种官僚机构，其内部的工作人员具有保障国际组织本身生存和发展的官僚动机。这种动机会促使国际组织的职员发展出更多独立于成员国的偏好。另外，组织运作机制反映出一个政府间国际组织内部从决策到执行的整个程序规则。这种规则直接影响着成员国对政府间国际组织控制结构的有效性，进而影响政府间国际组织发挥其自主性的能力和水平。③

在世界卫生组织当中，包括成员国代表在内的绝大多数职员都是在医疗和卫生方面具有专业知识和技能的专家。本书按照世界卫生组织的内部机构

---

① 马克·扎克、塔尼亚·科菲：《因病相连：卫生治理与全球政治》，晋继勇译，浙江大学出版社，2011，第47页。

② James G. March and Johan P. Olsen, "The Institutional Dynamics of International Political Orders," *International Organization* 52, no.4(1998): 943 – 969.

③ Mark A. Pollack, "Learning from the Americanists (Again): Theory and Method in the Study of Delegation," *West European Politics* 25, no.1(2002): 200 – 219.

为单位来分析。首先，从世界卫生组织大会（以下简称"大会"）的构成上来看，大会是世界卫生组织的最高权力机构，它由所有成员国派出的代表组成，每个成员国所派代表不超过3人，但每个代表都应为公共卫生领域的专业技术人员。这一点被写入了《组织法》第11条，规定成员国所派出的代表必须是在公共卫生领域具有较高专业技术水平的人员，并且最好能够代表该国政府的卫生部门。其次，从世界卫生组织管理层的构成上来看，执行委员会（以下简称执委会）是世界卫生组织的最高执行机构，它是由成员国选派的32位在卫生领域具有相关资格的专家组成，负责执行大会的决议，推进大会的工作，同时其有权向大会提出关于公约、协约及相关规章的专业性建议。总干事由执委会提名，负责监管秘书处的3 500多位卫生及相关领域的专家，以及审批专家委员会所形成的报告等。① 世界卫生组织从成立之初总干事就由最具影响力的医疗卫生领域专家担任，世界卫生组织的第一任总干事就是当时加拿大著名的精神病学家、医学博士布洛克·奇泽姆（Brock Chisholm），在其之后的第二任总干事是出生于巴西里约热内卢的医学博士马戈林诺·戈梅斯·坎道（Marcolino Gomes Candau）。此后的历届总干事均是不同国家的医学专家，2006年，来自中国的医学博士陈冯富珍担任总干事；在2012年的选举中，陈冯富珍连任。此外，世界卫生组织还设立了各种专家委员会及科学小组，均由相关领域的专业人员组成。为了确保世界卫生组织的职员能够持续进行高水平的医疗科学研究和创新，世界卫生组织通常只和这些工作人员签署短期的契约，从而尽可能地避免职员受政治、文化等外界因素影响而陷入官僚机制当中。可以说世界卫生组织中的这些专业人士能够通过他们的专业知识及价值取向发展出独立于成员国的偏好。

除了人员组成外，以"分权化"为结构特征的世界卫生组织运行机制也在很大程度上降低了成员国对世界卫生组织施加影响的能力。国际组织中的人事和财务安排是理解特定国际组织运作机制的核心切入点。通常，

---

① Harold K. Jacobson, "WHO: Medicine, Regionalism, and Managed Politics," in *The Anatomy of Influence: Decision-Making in International Organization*. eds. Robert W. Cox, Harold K. Jacobson, Gerard and Victoria Curzon, Joseph S. Nye, Lawrence Scheinman, James P. Sewell and Susan Strange (New Haven: Yale University Press, 1973), p.202.

国际组织成员国可以通过与组织及其内部各代理机构之间的复杂"委托-代理"关系（如成员国作为一个整体对国际组织秘书处，以及成员国通过秘书处对组织内部"代理机构"之间的"委托-代理"关系等途径）从事实上对特定国际组织施加影响和控制。在世界卫生组织中，秘书处及其行政首长的定位在于寻求成员国的指导，听取其意见、关注、建议和批评性的评估。① 但世界卫生组织在总部和区域办公室之间的关系上有别于其他联合国专门机构，呈现出明显的分权化治理特征。② 首先，区域办公室的主任和国家办公室的负责人并非由总干事任命，而是由所在地国家通过选举产生。根据《组织法》的规定，区域办公室的职员由区域主任与总干事商定产生。③ 但实际上，总干事对区域层面的人事任命权始终处于一种持续被弱化的状态：一方面，区域委员会可通过反对执委会提名的区域主任人选，迫使执委会重新提名区域主任候选人；另一方面，世界卫生组织的国家代表几乎都由相关国家所在区域的区域主任任命，且要在区域办公室的监督和指导下开展工作。这样一来，区域办公室的人事权力进一步得到拓展，甚至可以通过与各国卫生部部长、国家代表的互动反过来影响成员国的相关政策。这种分权化的组织结构特征使得成员国在世界卫生组织内的利益多元化和偏好异质性进一步被放大，形成对成员国决策权、影响力、控制力的稀释，是世界卫生组织自主性与灵活性的重要来源。

其次，为应对特定成员国通过削减预算向政府间国际组织施加财政压力的传统干预方式，近年来世界卫生组织也在积极探索并尝试多元化的替代性方案以扩大募资范畴。如前文所述，稳定充足的财政资源是国际组织行动的基础，而政府间国际组织赖以生存和发展的大部分资金主要源于成员国。因此，除基本的投票规则等决策机制外，成员国对政府间国际组织的话语权在很大程度上受该成员国对组织出资的影响。世界卫生组织的资

---

① "The Future of Financing for WHO," World Health Organization, December 15, 2010, accessed October 30, 2023. https://www.who.int/director-general/speeches/detail/the-future-of-financing-for-who.

② 晋继勇、郑鑫：《世界卫生组织的区域化治理结构改革缘何困难》，《世界经济与政治》2021年第10期，第31－33页。

③ 《世界卫生组织组织法》：第五十二条、第五十三条，世界卫生组织，https://www.who.int/zh/about/governance/constitution.

金来源包括两个部分：(1) 根据成员国支付能力核算的评定会费（assessed contribution）。评定会费由联合国大会根据各成员国国内生产总值确定的百分比缴纳，成员国每两年向世界卫生组织成员国大会核定会费额度。(2) 成员国、联合国其他机构、非政府组织及慈善基金会等根据自愿原则向国际组织捐赠的资金（voluntary contribution）。成员国有按期足额缴纳评定会费的义务，否则将有可能失去投票权，而成员国向世界卫生组织自愿捐赠的资金往往与成员国对国际组织活动的认同程度及其对本国利益的影响直接相关。鉴于世界卫生组织特有的分权结构，主要成员国更倾向于通过评定会费和自愿捐款控制世界卫生组织的经常预算资源（regular budgetary resources），进而向世界卫生组织施加干预。尽管根据《组织法》，世界卫生组织大会遵循一国一票的原则，每一个成员国享有与其他成员国相同的投票权，但实际上，在世界卫生组织成立之初，美国就承担了超过35%的评定会费，而其他4个联合国安理会常任理事国的评定会费总和只有30%。[1] 鉴于这种影响力，美国因不满世界卫生组织的政策而拒缴或拖欠会费是常有之事。为了增强对组织资金的控制并加强资金来源的稳定性，主动地应对来自成员国的财政压力难题，世界卫生组织一直致力于扩大筹资范畴以弱化评定会费的影响力，包括接受不同类型的灵活资金（flexible funding），尤其是对核心自愿捐款账户的捐款及对特定专项的捐款（图5-4）。目前，世界卫生组织的评定会费只占世界卫生组织总预算的20%左右，其他部分均由世界卫生组织通过自愿捐款的渠道募集。

---

[1] Marcos Cueto, *The Value of Health: A History of the Pan American Health Organization* (New York: University of Rochester Press, 2007), p.68.

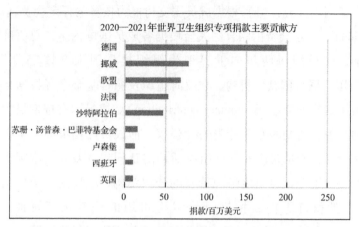

图5-4 2020—2021年世界卫生组织专项捐款主要贡献方①

值得注意的是，世界卫生组织扩大筹资范畴的诸多举措开启了非政府组织机制化参与世界卫生组织筹资讨论的窗口，并在很大程度上改变着世界卫生组织对私有部门的看法，使"公私伙伴关系"成为世界卫生组织参与全球卫生治理的新模式。在2020—2021年世界卫生组织的前五个出资方中，来自比尔及梅琳达·盖茨基金会（Bill & Melinda Gates Foundation）的出资额达到7.51亿美元，超过美国（6.93亿美元），位居第二，仅次于德国（12.68亿美元）（图5-5）。②

---

① "Flexible Funds: For a Strong, Agile, Independent WHO", World Health Organization, accessed September 15, 2023, https://www.who.int/about/funding/flexible-funding.

② "United States of America: Partner in Global Health", World Health Organization, accessed September 15, 2023, https://www.who.int/about/funding/contributors/usa.

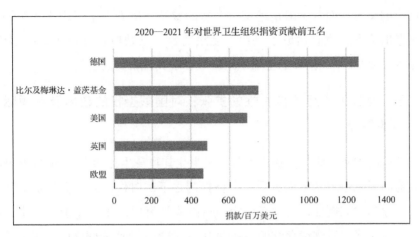

图 5-5　2020—2021 年对世界卫生组织捐资贡献前五名

此外，在预算方面，世界卫生组织采取自下而上的预算规划过程，先由国家确定重点领域，报区域委员会磋商，最终交由执行委员会决策，总部只对执委会决策有执行权，且区域办公室拥有独立于总部的预算规划体系。① 总而言之，世界卫生组织的人员构成和分权化的组织运行机制为降低成员国对世界卫生组织的控制和影响力提供了土壤，使世界卫生组织在特定议题上突破成员国的约束成为可能。例如，世界卫生组织明确违背美国的意愿，支持关于核武器可能带来的巨大健康风险，以及越南战争对于传染病负面影响的专家报告。② 20 世纪 70 年代，在中东冲突方面，世界卫生组织不顾美国等成员国家的反对，通过其专家报告和世界卫生组织大会明确表明：要巡视巴勒斯坦被占领的区域，并批判以色列的政策，主张尊重巴勒斯坦的自决权，从而改善巴勒斯坦人的健康和卫生状况。③ 1989 年，巴勒斯坦解放组织申请加入世界卫生组织，认为世界卫生组织简单多数的投票规则更容易通过它的申请。然而，此举遭到了美国、以色列及欧洲很

---

①　汤蓓：《财政危机下的国际组织变革路径》，《世界经济与政治》2019 年第 9 期，第 142 - 144 页。

②　Karen A. Mingst, "The United States and the World Health Organization", in *The United States and Multilateral Institutions: Patterns of Changing Instrumentality and Influence*, ed. Margaret P. Karns and Karen A. Mingst (London: Routledge, 1992), p. 223.

③　Williams Douglas, *The Specialized Agencies and the United Nations: The System in Crisis* (New York: St. Martin's Press, 1987), p. 64.

多国家的反对。面对美国拒绝支付会费的威胁,世界卫生组织出于组织生存利益的考虑,暂时达成了妥协,无限期延长巴勒斯坦解放组织的申请,但是到了2000年,世界卫生组织最终赋予了其观察员的资格。

三、世界卫生组织自主性的扩张:对国家授权的超越及对国际卫生规范的倡导

政府间国际组织一经成立就具有最大化其自身生存和发展利益的倾向。当政府间国际组织处于成员国的严格控制之下的时候,它们会更加关注自身的生存利益。例如,有学者认为,在冷战结束后,北约关于自我生存的追求是其在冷战后继续存续的内在动力。① 而当一个政府间国际组织能够保障组织的生存利益且有能力摆脱成员国控制的时候,政府间国际组织在实践中会更加倾向于推动组织的扩张。

对于世界卫生组织来说,正如在上文中所分析的那样,它一经成立就被成员国赋予了相当大的自由裁量权,且它自身的人事状况和运作机制使得其具备较强的脱离成员国控制的能力。因此,世界卫生组织会表现出明显的对扩大组织利益和影响力的需求。这一点可以通过世界卫生组织成立之后的几个典型的活动直观地判断出来。1970年,世界卫生组织在没有得到几内亚政府官方报告及允许的情况下,超越世界卫生组织被授权的权限,主动在世界范围内披露几内亚国家内部爆发了霍乱疫情。世界卫生组织对成员国内部特定几类疾病的监控和应对权威源于《国际卫生条例》(以下简称《条例》)的规定。《条例》要求世界卫生组织的成员国向世界卫生组织报告国内发生的特定几种疾病的状况。但是,《条例》并没有赋予世界卫生组织在没有得到成员国报告的情况下采取其他方式从相关成员国获取信息的权力。对于世界卫生组织在未经授权的情况下单方面报告几内亚国内霍乱的爆发状况,时任世界卫生组织总干事的马戈林诺·戈梅斯·坎道辩称,虽然世界卫生组织的这一行动超出了《条例》的相关规定,但符合《组织法》对世界卫生组织宗旨的规定,是世界卫生组织履行其应有职能的

---

① Robert B. McCalla, "NATO's Persistence after the Cold War," *Internsational Organization* 50, no. 3(1996), p. 253.

表现。①

除了超越成员国授权范围行动外,世界卫生组织对其自主性的扩张还表现在主动强化对专业领域规范的倡导能力之上,因为对于政府间国际组织来说,制定规章、创造知识、界定问题领域等是拓展组织影响力的重要手段。这一方面比较典型的例证就是世界卫生组织促使成员国修改相关授权文件,进而扩大世界卫生组织的权威。从 20 世纪 80 年代开始,艾滋病越发成为困扰世界各国尤其是发展中国家的难题,② 但是按照当时的《条例》,成员国应向世界卫生组织报告的传染性疾病仅有三种(霍乱、瘟疫、黄热病),并不包括艾滋病。为此,世界卫生组织开始主张并说服成员国对《条例》进行修订,将成员国须向世界卫生组织报告的信息范围从特定的疾病扩大至"公共卫生紧急事件",增加世界卫生组织获取成员国内部公共卫生状况信息的途径等。1995 年,世界卫生组织大会基本认可了对《条例》的修订,但是成员国关于修订后世界卫生组织确定国家疾病监控体系的能力产生分歧,这导致本应于 1998 年就完成的修订向后推迟了四年。③ 尽管如此,2001 年,成员国代表们最终还是鉴于世界卫生组织在公共卫生领域的专业性和权威性,同意了世界卫生组织的主张。除了修改国家的授权、增加自主性的合法性基础外,世界卫生组织还通过其在医疗、公共卫生等方面的专业性和权威性不断将权威向新的医疗和卫生领域拓展。如今,世界卫生组织的功能已经远远超过最初设立之时防控传染病的范畴,其职权涉及药剂、烟草控制、气候环境等多个领域。以世界卫生组织对国际药剂规范的倡导为例,1977 年世界卫生组织专家委员会拟定了第一份《世界卫生组织基本药物标准清单》,并规定每两年修订和更新该清单,开始着手制定和管控成员国的药剂标准。这些标准最初只是世界卫生组织根据预防、诊断和治疗方面的准则制定、发布和更新成员国的基本药物清单。到了 2002 年,世界卫生组织已经通过收集相关的药剂信息逐渐建立起统一的基

---

① David P. Fidler, *SARS, Governance and the Globalization of Disease* (New York: Palgrave Macmillan, 2004), p.64.
② Fiona. Godlee, "WHO in Crisis," *British Medical Journal* 309, no.6966(1994): 1424 – 1428.
③ David P. Fidler, "From International Sanitary Conventions to Global Health Security: The New International Health Regulations", *Chinese Journal of International Law* 4, no.2(2005): 325 – 392.

本药物库，甚至开始对成员国的基本药物标准处方和药品价格信息进行收集、调查和监管，并加强了与其他非国家行为主体之间的合作。

第四节 中国与政府间国际组织的互动：进展、成效与努力方向

国际组织外交是中国多边外交的重要组成部分。新中国成立至今，在70多年的发展历程中，中国在国际组织中的角色和地位经历了一个比较漫长且复杂的转变过程。一方面，中国的国际组织外交始终以联合国为中心，坚持多边主义和不干涉内政的原则，积极维护发展中国家的合法权益，体现了传承性；① 另一方面，中国参与国际组织的行为也发生了从尝试性接触到全面融入、主动塑造的根本转变。② 中国与国际组织的互动"不仅构成中国对外交往的一个重要组成部分，也的确是国际社会接触中国的一个不可缺少的途径"③。

进入21世纪，中国与国际组织的互动日益成为国际关系研究的一个热点领域。尤其是金融危机过后，大国围绕国际制度展开的合作与竞争在传统安全领域及经济、气候、公共卫生等非传统安全领域全面展开，这一过程所产生的结构性压力使很多相关领域的代表性政府间国际组织谋求改革的紧迫性加强。与此同时，各个国家都在积极塑造和争取在重要政府间国际组织中的话语权，以实现各自的利益诉求，导致国家与政府间国际组织之间的互动越发频繁、互动形态越发多元，其互动的结果也将对国际关系形成重大影响。在这样的背景下，中国参与政府间国际组织将会迎接怎样的挑战？中国应当塑造怎样的国际组织战略以应对这些挑战、提升自身在

---

① 张贵洪、王悦：《论当代中国特色国际组织外交的主要特点——以世界卫生组织为例》，《国际观察》2020年第4期，第85页。
② 孙德刚、韦进深：《中国在国际组织中的规范塑造评析》，《国际展望》2016年第4期，第94页。
③ 王逸舟：《中国与国际组织关系研究的若干问题》，《社会科学论坛》2002年第8期，第9页。

国际组织中的话语能力？这是历史给我们出的考题。

一、中国参与政府间国际组织的历史

中国与国际组织之间的互动关系有着特有的发展逻辑，同时也表现出极强的继承性特点。新中国成立时，世界已进入冷战时期的两极格局体系，面对美国的敌视政策，新中国在外交上采取了向苏联和社会主义阵营"一边倒"的政策。这一时期，由于受东西方意识形态竞争，西方国家对华采取敌对、封闭和孤立政策的影响，新中国被排斥在联合国体系之外。实际上，在1945年联合国成立之时，中国是第一个在《联合国宪章》上签字的国家，在国际法意义上是联合国的创始会员国，也是联合国安全理事会五个常任理事国之一。1949年，中华人民共和国成立后，中央人民政府成为代表全中国的唯一合法政府。根据国际公认的原则，应由中国新政府指派代表参加联合国大会及其有关机构的工作。但是，这一过程受到美国的不断阻挠，主要包括：

（1）缓议搁置。1950年，在美国的主导下，第五届联合国大会通过了第396号决议，规定有关会员国代表权的问题应由大会审议，如值大会休会则由驻会委员会审议之。这样，关于中国在联合国代表权问题的斗争便从联合国安理会转移到了联合国大会上。利用联合国大会表决机制的复杂性，从1950年起，美国操纵表决机器，以各种理由和借口，阻止了联合国第五届至第十五届大会讨论中国代表权问题。

（2）通过"重要问题"提案制造困难。1961年，第十六届联合国大会突破美国设置的障碍，同意将中国在联合国的席位问题提交联合国大会讨论。但美国提出，任何改变中国代表权的建议都是"重要问题"，针对"重要问题"，联合国大会应采用"重要问题"的方式讨论，即中国要想恢复在联合国的席位，必须有三分之二的成员国同意才行。这就使中国所需要的赞成票由简单多数变成了三分之二多数。1970年，第二十五届联合国大会关于支持恢复中国在联合国的席位并驱逐国民党集团"代表"的表决结果为51票赞成，47票反对，首次出现赞成票超过反对票。

（3）"双重代表权"提案。1971年9月21日，第二十六届联合国大会开幕,但是在会前,美国同日本等国提出了关于中国代表权问题的两项提案:一是"重要问题"提案,也被称作"逆重要问题"提案;二是"双重代表权"提案,美日企图制造"两个中国"的举措遭到了中国政府的强烈反对。从1971年10月18日到25日的一周时间里,联合国大会上各国进行了激烈的辩论。通过表决,由美日等22国提出的所谓"重要问题"提案最终以59票反对、55票赞成、15票弃权的结果被否决。随后,大会就阿尔巴尼亚、阿尔及利亚等23国提出的联合提案(又称"两阿提案")进行表决。该提案要求恢复中华人民共和国在联合国的一切合法权利,并立即把台湾当局的"代表"从联合国及其所属一切机构中驱逐出去。提案最后以76票赞成、35票反对和17票弃权的压倒多数获得通过,成为联合国历史上著名的"第2758号决议"。至此,联合国席位终于回到了中国人民手中,也使联合国这一最大的国际组织真正名副其实。而在恢复联合国的合法席位之前,新中国与国际组织的互动主要表现为加入一些社会主义国家建立的区域性或功能型国际组织,如华沙条约组织、国际学生联合会、国际妇女同盟等。

1971年重返联合国为新中国外交打开了新局面,中国与国际组织的互动也开始从初步接触转向全面接触,新中国的国际组织外交进入了一个新的阶段。这一时期,中国的国际组织外交主要是为了适应恢复联合国安理会常任理事国席位后的战略需要,而学习和了解国际组织外交的话语和行为规则成为这一时期中国参与国际组织的主要任务。从1971年至1989年,中国国际组织外交的对象主要限定在联合国框架内,中国陆续加入了世界卫生组织、世界气象组织、国际劳工组织等专门性机构,但参与的范围和深度都非常有限。除联合国框架内的专门国际组织外,同一时期中国还加入了国际刑事警察组织(1984年)、世界能源理事会(1983年)、世界气象组织(1972年)、世界经济论坛(1979年)。① 从整体上看,尽管这一阶段中国参与国际组织的活动总体上还处于比较被动的状态,但中国参与国际组织的步伐明显加快。

---

① 李晓燕:《中国国际组织外交的历史发展与自主创新》,《东北亚论坛》2020年第2期,第60-61页。

冷战结束后,国际形势发生了深刻变化,"全球化进程已使政治远不再是从前那种首先围绕国家与国家间事务的活动"①。为适应全球化的需要,中国与国际组织的互动形态也发生重要转变:一方面,国际关系的民主化和组织化进程提高了国际组织,尤其是政府间国际组织,在国际事务和全球治理领域的重要性;另一方面,随着改革开放的持续深入发展,为了切实服务和平发展的战略目标,民族国家外交与国际组织外交在中国整体外交战略中的重要性同时凸显。在进入21世纪的前十年中,全球化的深入发展对世界体系产生根本性的影响。全球治理作为一种新的国际合作构想应运而生,国际与国内因素的互动越发频繁,各国相互依赖和相互联系的程度持续加深,各种国际行为主体之间的联系和互动也达到了前所未有的程度。这不仅改变了中国参与国际组织的意识,而且改变了中国与国际组织的互动方式:一方面,作为国际社会上的高度遵约国,中国长期以来严格遵守着国际组织的规章制度以及所签署的条约;另一方面,面对全球化背景下不断涌现的全球性问题,从维护国家利益和广大发展中国家利益的角度出发,中国更加积极地加入全球性和地区性的国际组织及国际条约,大大拓展了对国际组织的参与范围,加深了参与国际组织的程度,并尝试增强在国际组织中设置议程、塑造规范的能力。

2008年金融危机后,国际体系及其主要行为主体的互动方式呈现出一些重要的新特征。这一时期,中国超越日本成为世界第二大经济体,美国和欧洲则先后因金融危机和债务危机而实力受损。以20国集团(G20)的诞生为标志,发达国家和发展中国家在国际组织中的话语权开始发生明显改变,中国更加积极自信,其角色逐渐由参与者转向引领者,②中国的国际组织外交也开始呈现引领性的新特点。随着中国综合实力的不断上升,中国在参与的政府间国际组织中承担了更多的义务。例如,中国在联合国承担的会费和维和摊款比例持续增加(表5-2)。根据联合国预算统计,2021

---

① 戴维·赫尔德:《民主的模式》,燕继荣,等译,中央编译出版社,1998,第484页。
② 李巍主编《国际经济舞台上的外交引领者:中国经济外交蓝皮书(2018)》,中国社会科学出版社,2018,第2页。

中国的评定会费比例已达12.005%（18 007 500美元）。①

表5-2　2008—2021年中国承担的联合国会费和维和摊款比例一览表②

年度	评定会费比例/%	维和摊款比例/%
2008—2009	2.667	3.150 0
2010—2012	3.189	3.940 0
2013—2015	5.148	6.650 0
2016—2018	7.921	10.237 7
2019—2021	12.005	15.219 7

除此之外，"建设性塑造"逐渐成为中国在国际组织中发挥作用的新形式。中国主导创立了上海合作组织，积极推动世界贸易组织、国际货币基金组织等全球经济治理领域的主要政府间国际组织的"增量"改革，包括公开发布《中国关于世界贸易组织改革的立场文件》，坚定维护多边贸易体制公平、开放、非歧视等核心价值；针对世界贸易组织全体协商一致决策机制提出了务实的开放式诸边谈判机制；成功助推国际货币基金组织超6%的份额及世界银行中3.13%的投票权由发达国家转移至新兴市场国家与发展中国家；推动人民币加入特别提款权国际储蓄货币篮子，大幅提升了新兴市场国家和发展中国家在相关政府间国际组织中的话语权。

二、中国与政府间国际组织互动的主要类型与特征

梳理自第二次世界大战结束以来大国的国际组织外交实践，不难发现，中国自20世纪末以来参与政府间国际组织的实践与美国、西欧等西方发达国家相比具有非常突出的典型性：一方面，中国与政府间国际组织的互动没有挑战战后世界秩序的整体设计；另一方面，中国无论是在参与和推动既有的政府间国际组织改革方面，还是在建制创制方面，都避免了大国资

---

① "Assessment of Member States' Advances to the Working Capital Fund for 2021 and Contributions to the United Nations Regular Budget for 2021," The United Nations, January 7, 2021, accessed October 30, 2023, https://documents-dds-ny.un.org/doc/UNDOC/GEN/N21/007/55/PDF/N2100755.pdf? OpenElement.

② 根据联合国大会第70/246号决议，联合国秘书长将结合审查经常预算分摊表，依照规定每三年更新一次成员国维和行动经费分摊比例。资料来源："How We are Funded", The United Nations Peacekeeping, accessed September 26, 2023, https://documents-dds-ny.un.org/doc/UNDOC/GEN/N18/461/90/PDF/N1846190.pdf? OpenElement.

源与权力优势并重给国际组织发展带来的困境,且对战后世界政治经济制度框架形成了积极补充。总而言之,中国与国际组织的互动关系无论是在参与规模,还是参与程度方面,都体现了大国的责任和作用,充分说明了中国与国际组织的互动是在一以贯之的自主性原则的指导下稳步推进的。

从行为类型上看,中国与政府间国际组织的互动可以分为三种方式:一是中国参与并加入既有的政府间国际组织;二是同既有的政府间国际组织接触并开展互动;三是通过"建制""转制"与"改制",积极参与政府间国际组织的改革。具体来说,首先,从目前中华人民共和国外交部公布的包括联合国在内的119个国际组织来看,中国参与的政府间国际组织囊括政治与安全类的政府间组织(如联合国安理会、国际原子能机构等联合国下属的5个政治与安全类组织等)、经济类政府间国际组织(如世界银行、世界贸易组织、国际货币基金组织等联合国下属的12个经济类政府间国际组织,以及亚太经合组织、东亚峰会等非联合国下属的经济类组织)、人权类政府间国际组织(如联合国人权机构、联合国妇女地位委员会)、文化教育类政府间国际组织(如联合国教育、科学及文化组织,联合国儿童基金会等)、环境卫生类政府间国际组织(如世界卫生组织、联合国环境规划署等),以及其他类型的政府间国际组织。[①] 从整体上看,中国普遍参与当今国际社会各种类型的政府间国际组织,并与既有的政府间国际组织深入互动。值得注意的是,在中国参与的诸多政府间国际组织类型中,数量最多的是经济类政府间国际组织。实际上,中国一直高度关切发展中国家在参与全球价值链分工、参与全球经济治理等方面的困难,并致力于为包括发展中国家在内的所有治理主体打造更好、更公平的全球经济治理平台。全球治理的核心是规则治理。当前全球治理规则体系面临的两大问题在于部分领域的国际规则已经落后、新兴领域的相应规则尚未形成。作为新一轮经济全球化的倡导者与推动者,中国秉持"小智治事,大智治制"的理念,与主要经济类国际组织互动,主动对接国际经贸规则,并积极参与全球经济治理规则的塑造,推动全球贸易投资自由化、便利化。例如,自加

---

① 吴改:《中国与国际组织的互动实践:问题与方向——基于对外交部网站公布的114个国际组织的分析》,《区域与全球发展》2020年第1期,第48–50页。

入世界贸易组织以来，中国大幅度削减进口关税，将平均关税由加入世界贸易组织时的15.3%降至2021年的7.4%；持续放宽外资市场准入，颁布实施《中华人民共和国外资投资法》，全面实施准入前国民待遇加负面清单管理制度，创造更具吸引力的营商和创新环境；与世界贸易组织成员国共同联署《投资便利化联合声明》等。① 针对由美国等西方国家主导的诸多政府间国际组织，中国采取了不同类型的改革路径。例如，在国际货币体系领域，中国积极推动人民币加入国际货币基金组织特别提款权货币篮子，并对篮子货币"可自由使用"的制度规则提出了不同的新解释，包括可自由使用货币不等于可自由兑换货币；可自由使用货币的衡量指标体系需要增加贸易结算的新指标；可自由使用货币的衡量数据需要增加增量数据；等等。

其次，作为世界上最大的发展中国家，中国在继续重视传统的协定性国际组织的基础上，积极参与、倡议创立各种新型的制度化合作机制，为全球治理体系增添新层次。例如，持续巩固G20作为包容性全球治理主平台的作用，推动G20从危机应对向长效治理机制转变。在中国的倡导和推动下，G20使新兴国家与发达国家以平等的身份坐在一起讨论全球经济的治理问题成为可能。而在过去，这一职能主要是由八国集团（G8）及其前身——西方七国首脑会议（G7）来履行的。与G8相比，G20本质的不同在于发展中国家占据了一半的席位。2009年，G20匹兹堡会议明确，G20将逐渐取代G8成为国际经济协调的首要论坛，并形成了年度性会议的机制。对于既有的政府间国际组织体系来讲，G20的创立和发展具有标志性的意义，它进一步说明稳定的国际体系离不开新兴国家的支持，并反映出新兴国家的影响力已经在国际机制层面获得确认。而西方发达国家的绝对主导地位开始让位于新兴国家与发达国家的共同主导。在重大国际事务上，新兴国家有资格、有能力成为平等的协商者。

除了积极加入政府间国际组织并以合作者的身份在既有的政府间国际组织中分担成员国责任外，中国对政府间国际组织的主动影响和塑造也逐

---

① 张雪：《新时代中国参与全球经济治理：进展、挑战与努力方向》，《国际问题研究》2022年第2期，第70-84页。

渐成为中国与政府间组织互动的重要内容。进入21世纪以来，中国越来越注重与广大发展中国家一起以集团的方式表达自己的利益诉求。例如，倡导设立金砖国家新开发银行（New Development Bank，NDB）与应急储备安排，为新兴援助国开辟国际发展的新范式。2009年6月，金砖四国领导人举行了首次峰会。2011年4月，在中国举行的第三次峰会上，南非正式成为金砖国家的一员，形成了作为新兴国家合作平台的金砖国家机制。再如，建立亚洲基础设施投资银行（Asian Infrastructure Investment Bank，AIIB），一方面在核心制度规则上与世界银行保持一致，另一方面在核心制度规则的应用方面又和世界银行形成差异，侧重于缓解基础设施建设资金不足及融资困难问题，与现有多边开发银行形成互补。截至2022年3月3日，AIIB共批准168个项目，核准融资数额达336.3亿美元，[①]创始成员国也由创立之初的57个扩容至覆盖亚洲、欧洲、非洲、北美洲、南美洲、大洋洲的105个。[②]

总而言之，中国已经逐步探索和建构出一系列关于国际组织和全球治理的理念与原则，也形成一套具有中国特色的参与路径和模式，在政府间国际组织系统中日益成为积极的、发挥建设性作用的参与者。

三、中国与政府间国际组织互动的努力方向

2008年国际金融危机之后，世界格局"东升西降"的趋势越发凸显，以金砖国家为代表的新兴市场和发展中国家群体性崛起，在既有的政府间国际组织中话语分配的比重大幅上升。[③]围绕主要政府间国际组织展开的国际制度竞争日益成为国家间竞争尤其是大国制度竞争的主流形式。此外，随着百年未有之大变局加速演变，传统地缘政治回归，全球发展失衡加剧，新一轮科技革命和产业变革深入推进，全球治理与世界政治经济形势变化

---

① "Project Summary," AIIB, March 3, 2022, accessed October 30, 2023, https://www.aiib.org/en/projects/summary/index.html.
② "Members and Prospective Members of the Bank," AIIB, March 17, 2022, accessed October 30, 2023, https://www.aiib.org/en/about-aiib/governance/members-of-bank/index.html.
③ 秦亚青主编《实践与变革：中国参与国际体系进程研究》，世界知识出版社，2016，第102页。

的不适应、不对称前所未有,亟待改革和完善。而由于具有实体性的国际组织在全球治理中行为和服务的能力更强,对于制度成员国的价值更大,因此,这一过程所产生的结构性压力使很多相关领域的代表性国际组织(如世界贸易组织、国际货币基金组织、世界卫生组织等)谋求改革的紧迫性明显增强。同时,这些复杂的问题及挑战进一步塑造着未来中国与政府间国际组织互动的努力方向。

对于第二次世界大战后在西方发达国家的主导下建立起来的诸多政府间国际组织来讲,成员国内部力量对比的变化已经使这些组织内的偏好异质性问题进一步加剧。如前文所述,成员国的利益偏好是否能够有效转化为政府间国际组织的行动将在很大程度上取决于成员国作为集体委托人内部的偏好异质性,而这种偏好异质性主要通过成员国之间的权力分配状况和集体行动的决策规则表现出来。随着广大发展中国家在多边国际舞台中发挥的作用越来越重要,作为最大的发展中国家,中国与政府间国际组织互动的一个重要内容就是提高发展中国家在国际制度中的话语权和影响力,使发展中国家在主要政府间国际组织中的制度性权力与日益扩大的物质性权力相匹配。但问题是,长期以来,以美国为首的西方国家在当今世界主要的政府间国际组织中掌握着决定性话语权,使中国等发展中国家在政府间国际组织中改制、创制的能力受到很大限制。以国际货币基金组织的改革为例,自1980年恢复在国际货币基金组织的合法席位后,中国一直高度关切发展中国家在参与全球价值链分工、参与全球经济治理等方面的困难,并积极推动国际货币基金组织的"增量"改革。在2015年国际货币基金组织完成每五年一次的定值审查后,国际货币基金组织执行董事会决定人民币符合列入特别提款权篮子的标准。[①] 2016年10月,人民币加入国际货币基金组织特别提款权货币篮子,所占份额为10.92%。2022年5月,国际货币基金组织完成新一轮特别提款权定值审查后,人民币权重上调至

---

① 按照国际货币基金组织规定,纳入特别提款权货币篮子的货币必须符合两个标准:(1)出口标准:货币发行国应为国际货币基金组织成员(或包括国际货币基金组织成员的货币联盟)和世界五大出口国之一;(2)可自由使用标准:所发行货币应广泛用于国际交易的支付并在主要交易所广泛交易。

12.28%。尽管当前中国在国际货币基金组织中的份额①已达304.8亿特别提款权，位列第三，但与美元（43.38%）、欧元（29.31%）相比还存在不小差距（如表5-3所示）。因为国际货币基金组织的份额决定着成员国向国际货币基金组织出资的最高限额，是成员国在国际货币基金组织各项决定中的投票权的关键决定性要素［每个成员国的投票权由基本票（所有成员国相同）加上每10万特别提款权的份额增加的一票构成］，每个成员国的份额反映其在国际货币基金组织中的投票权。而目前由于美国在国际货币基金组织中占据最大份额，因此，美国仍掌握着国际货币基金组织的最大话语权。

表5-3 2022定值审查后特别提款权货币篮子权重②

币种	2022年审查后所占权重/%	固定货币单位数（为期比年）
美元	43.38	0.578 13
欧元	29.31	0.373 79
人民币	12.28	1.099 3
日元	7.59	13.452
英镑	7.44	0.080 87

基于这种在主要政府间国际组织中的话语主导优势，美国善于利用既有制度安排制定有利于自己的规则，遏制中国等发展中成员国对既有的政府间国际组织进行改革的努力，并通过构筑更高标准、更小范围的制度安排，形成对中国的"规锁",③ 包括在多边组织制定有利于自己的新规则，在贸易协定中加入排他性条款，等等。例如，美国在与相关国家签署的《美墨加协定》（*The United States-Mexico-Canada Agreement*，USMCA）中规

---

① 国际货币基金组织的份额是国际货币基金组织资金结构和治理结构的基石，每个成员国的份额反映其在国际货币基金组织中的投票权，国际货币基金组织的份额以特别提款权计值。现行份额计算公式为：$(0.5 \times GDP + 0.3 \times openness（开放度）+ 0.15 \times variability（经济波动性）+ 0.05 \times Reserves（国际储备））^{compression\ factor（压缩因子）}$（2008年获得通过）。

② 特别提款权的价值由美元、欧元、人民币、日元和英镑组成的一篮子货币价值的加权平均值决定，特别提款权定值审查由国际货币基金组织执行董事会每5年进行一次，上一次定值审查是在2015年完成的。

③ David A. Wemer, "Adviser on Biden's Foreign Policy: Start at Home and Repair Alliances", Atlantic Council, August 21, 2020, accessed November 9, 2023, http://www.atlanticcouncil.org/blogs/news-atlanticist/adviser-on-bidens-foreign-policy-start-at-home-and-repair-alliances/.

定了所谓的"毒丸"条款，限制缔约方与非市场经济国家缔结条约。① 特朗普政府时期，美欧日举行了7次三方贸易部长会议，在国有企业、产业补贴、技术转让等涉华议题上达成广泛共识，以实现对等和公平竞争为由，打压和遏制中国经济发展。拜登政府上台后，致力加强与欧日等盟友的协调与合作，共同推动新一轮国际经贸规则改革。此外，针对中国等发展中国家创设新政府间国际组织的努力，西方国家也试图加以抵制。例如，2013年10月，在中国提出筹建亚投行的倡议后，时任美国国务卿约翰·克里（John Kerry）及奥巴马本人先后表示反对，指责亚投行可能会降低国际开发性金融的标准。2021年3月，"七国集团"（G7）举行了贸易部长级会议，启动了"贸易路线"（Trade Track）计划，强调"世界领先的民主贸易国家"要加强合作，从而在相关领域的规则标准制定上限制中国等新兴发展中国家的优势发挥，挤压这些国家的规则话语权。

在提升在政府间国际组织中的议程设置能力方面，自党的十八大以来，中国共产党和国家领导人高度重视中国在国际组织中的议程设置能力建设。2016年9月27日，习近平在主持中央政治局就G20峰会和全球治理体系变革集体学习时强调，"随着国际力量对比消长变化和全球性挑战日益增多，加强全球治理、推动全球治理体系变革是大势所趋。我们要抓住机遇、顺势而为，推动国际秩序朝着更加公正合理的方向发展，更好维护我国和广大发展中国家共同利益，为实现'两个一百年'奋斗目标、实现中华民族伟大复兴的中国梦营造更加有利的外部条件，为促进人类和平与发展的崇高事业作出更大贡献"②。为实现这一目标，近年来中国高度重视国际议程设置，将其视作影响国际舆论、掌控国际话语权、实现问题治理的重要途径。在国际组织议程设置的"进入渠道"方面，中国通过举办上海合作组织成员国政府首脑（总理）理事会、G20杭州峰会等活动，向世界阐释

---

① "Agreement between the United States of America, the United of Mexican States and Canada," Office of the United States Trade Representative, January 7, 2020, accessed Novenber 9,2023, https://ustr.gov/trade-agreements/free-trade-agreements/united-states-mexico-canada-agreement/agreement-between.

② 习近平：《习近平：加强合作推动全球治理体系变革 共同促进人类和平与发展崇高事业》，新华网2016年9月28日，http://www.xinhuanet.com//politics/2016-09/28/c_1119641652.htm，访问日期：2023年11月14日。

了中国的全球治理理念、政策与实践，表达了中国的诉求与关切。在设置国际议程的实践中，中国一方面展示了负责任大国的国际形象和通过国际组织实现国际合作的决心，另一方面也始终把维护广大发展中国家的共同利益纳入设置国际议程的努力。但问题是，尽管全球治理不断涌现新领域和新问题，但在政府间国际组织中相应治理规则的更新、重构十分滞后且难以达成共识。这主要是因为在国际组织中新规则的制定往往伴随着治理主导权的竞争，这个过程既包括大国间的权力博弈及其所带来的利益重新分配，也包括参与国对制度的重新选择。这无疑增加了新兴领域治理的复杂性与难度，使任何试图改变现状的尝试都面临"制度惯性"和"路径依赖"等问题。以数字经济领域的治理为例，虽然数字经济正逐渐成为撬动全球经济增长的新杠杆，但目前以世界贸易组织为中心的全球贸易协定文本并没有正式触及与全球数字贸易相关的问题，与数字贸易发展相匹配的国际监管环境也尚未形成。① 一方面，在以数据本地化和数字保护主义为特征的数据民族主义的冲击下，以中美为代表的大国在数字技术、跨境数据流动等方面展开了全面竞争。美国将中国的"数字丝绸之路"等倡议视为争夺其全球数字主导权的新威胁，并发起了"清洁网络"计划等措施，试图切断中国市场与美国市场的联系，阻止中国企业获取数据等关键要素。另一方面，大国之间的阵营对峙与联盟重组也加剧了不同治理模式之间的博弈。② 目前，以企业为中心的美国模式、以国家为中心的中国模式，以及以个人为中心的欧盟模式已经开始竞逐，全球数字经济治理也越发呈现出俱乐部化趋势。③ 此外，由于发达国家与发展中国家在技术水平及关键议题上的差异和分歧，新兴经济体在涉及某些关键议题时，会因发达国家的介入而难以统一立场，表现出"骑墙"姿态，导致相关领域治理规则、机制

---

① Manfred Elsig and Michael Hahn, "Introduction: Current Challenges and Future Scenarios," in *The Shifting Landscape of Global Trade Governance: World Trade Forum*. ed. Gabriele Spilker (New York: Cambridge University Press, 2019). pp. 2-3.

② 毛维准、刘一燊：《数据民族主义：驱动逻辑与政策影响》，《国际展望》2020年第3期，第36-37页。

③ 刘宏松、程海烨：《跨境数据流动的全球治理——进展、趋势与中国路径》，《国际展望》2020年第6期，第67-68页。

的协调和更新难以达成共识。这些都对中国在国际组织中创设议题的能力提出了更高的要求。

此外，中国与政府间国际组织的互动还受到近年来逆全球化思潮的影响。一方面，发达国家内部收入分配机制的固有缺陷、经济增长低迷，以及严重的社会不公平问题给民粹主义、孤立主义制造了土壤，很多发达国家错误地将这些问题归咎于经济全球化，进而转向保护主义；另一方面，民粹主义政治势力在全球范围内明显抬头，使得逆全球化思潮被逐步付诸行动，国际合作的脆弱性凸显，竞争面上升，经济民族主义在全球进一步蔓延。各国纷纷反思自己在全球化中的地位，政策内倾趋势更为明显。越来越多的国家把保障国内经济安全作为国家安全的重要目标，并普遍开始采取孤立和保守的对外政策。以2020年各国出台的贸易保护措施为例，根据全球贸易预警组织统计，G20国家共实施了1 829项贸易保护政策干预措施。其中，美国等发达国家的贸易保护措施高达1 140项，是"新兴十一国"的1.8倍。① 全球价值链的内卷化趋势明显，多边经贸秩序的脆弱性加剧，导致全球贸易投资自由化程度大幅下降。据统计，2020年全球外国直接投资流量下降至1万亿美元，甚至比国际金融危机后2009年的数据低20%，其中发达经济体的FDI下滑高达58%。在67个经济体出台的152项涉及对外投资的政策中，限制性投资政策措施比2019年增加了1倍，占当年出台投资措施总数的41%，创下了历史记录。② 在民粹主义的裹挟下，西方发达国家更加强调全球治理体系的"俱乐部化"，狭隘地将多边主义解释为以西方价值观为基础的秩序。尤其是拜登上台以来，美国更加重视通过构筑意识形态阵营，重建发达国家与发展中国家之间有形与无形的边界，挤压中国在全球治理体系中的定位和诉求。为此，中国需要在既定的政府间国际组织制度框架中，通过程序性的规则设置，强化议程设置能力，同

---

① Simon J. Evenett, "Must an Effective Activist State Harm Trading Partners?: Evidence from the G20 Members during 2020," Global Trade Alert, July 30, 2021, accessed Novembar 9, 2023, https://www.globaltradealert.org/reports/77.

② "World Investment Report 2021: Investing in Sustainable Recovery," UNCTAD, June 21, 2021, accessed November 9, 2023, https://unctad.org/system/files/official-document/wir2021_en.pdf#page=20.

时也要致力探索并创设中国等发展中国家主导的新型政府间国际组织制度安排。而中国与政府间国际组织的良性互动在促进中国自身国家利益的同时，也会对世界的和平与发展做出贡献，并将继续在中国的和平发展进程中彰显其价值。

本章小结

"委托-代理"理论从关于国家和政府间国际组织的理性假定出发，认为国家与政府间国际组织的互动关系及其变化是存在一定规律的。虽然国家和政府间国际组织都追求自身利益的最大化，但是双方实现这一目标的程度在不同的情况下是具有差异的。一个国家可能同时是多个政府间国际组织的成员国，但是它在不同政府间国际组织中的角色、地位和影响力都会有所不同。简单来说，"委托-代理"理论认为，国家与政府间国际组织的互动关系可能有多种不同的结果，而判断这种结果的规律性在于国家对政府间国际组织的控制和政府间国际组织实施自主性能力之间的博弈状况：当国家对政府间国际组织的控制机制严格且有效，使得政府间国际组织难以发挥自主性的时候，政府间国际组织的行为将更加遵从成员国的偏好，且表现出较低的代理懈怠风险；而当国家的控制机制较为宽松或难以对抗政府间国际组织的自由裁量权的时候，政府间国际组织将更加关注组织本身的生存和发展利益，在授权范围之外行动，甚至反过来影响和塑造国家的偏好和行为。

在北大西洋公约组织与其成员国之间的关系中，成员国在北约从成立到发展的各个环节中均对其实施了严格且有效的控制机制。北约的成立完全服务于美国和西欧国家在冷战时期的传统安全合作方面的需求。从组织功能定位上讲，在整个冷战时期，北约组织本质上是以美国为主导的西方军事同盟组织，北约的行动涉及成员国主权核心的安全和防务内容。因此，从成立开始，成员国就对北约实施了全面严格的控制机制。一方面，以美国为首的主要成员国把控着北约主要机构的人事任免和组织的经费来源；

另一方面，成员国通过协商一致的决策程序、紧密的层级指导和指挥执行体系，对北约组织的决策和执行实施了全面的监控。而成员国内部相对稳定的权力分配结构在很大程度上减少了成员国偏好异质性对控制机制有效性的负面影响，促进集体委托人内部决策和行动的一致性，保障成员国对北约的持续有效控制。

在国际货币基金组织的案例当中，国际国币基金组织成立之初在绝大多数议题上处于以美国为首的主要成员国的控制之下。国际货币基金组织的成立主要是为了满足西欧主要国家恢复战后严重受损的国内经济，以及美国建立由其主导的战后国际金融秩序的需要。成员国通过由"份额"决定的决策机制、人事任免机制等控制和影响着国际货币基金组织的行动。但是，随着成员国之间偏好异质性的增强，以及国际货币基金组织自身的成长，成员国对国际货币基金组织的控制也呈现减弱的趋势。在《国际货币基金组织协定》的历次修正过程中，主要成员国对国际货币基金组织的影响力逐渐被削弱，同时，国际货币基金组织在条件性政策方面充分利用成员国之间的分配冲突和自身的专业性，获得了更多的信息优势。总的来讲，虽然国际货币基金组织仍没有完全摆脱主要成员国的控制和主导，但是与北约相比，国际货币基金组织在很多核心的议题上享有较强的自主性。

与北约和国际货币基金组织相比，世界卫生组织所拥有的自主性最强。从成员国对世界卫生组织的授权来看，世界卫生组织自成立就被成员国授予了强大的自由裁量权。世界卫生组织有权设定公共卫生领域的专门议程，制定和倡导相关规范，有权调查、监管成员国的政策和行动，甚至对成员国的不当行为进行惩戒。世界卫生组织的工作人员几乎由不同国家的专业技术人士组成，这种人事结构有效地对抗了来自成员国的政治影响。同时，世界卫生组织的运作机制也充分保障了世界卫生组织的专业性，以及独立于成员国的价值取向，使世界卫生组织能够更加专注于扩大组织本身的利益和影响力。

这三个例子在很大程度上验证了"委托-代理"理论下国家与政府间国际组织的理性互动方式与互动结果之间的规律性，也表明了国家与政府间国际组织之间的互动结果的差异性和变化性。基于国家与政府间国际组织互动的复杂特征，本章对新中国成立以来中国与政府间国际组织互动的发展脉络、互动的类型和特征，以及互动的成果进行了梳理，发现中国在20世纪末以来参与政府间国际组织的实践与美国、西欧等西方发达国家相比具有非常突出的差异性。中国与政府间国际组织的互动没有挑战战后世界秩序的整体设计，并且中国无论是在参与和推动既有的政府间国际组织改革方面，还是在建制创制方面，都避免了大国资源与权力优势并重给国际组织发展带来的困境，且对战后世界政治经济制度框架的形成进行了积极补充。在大国围绕国际组织展开的国际制度竞争日益激烈的环境中，未来中国与政府间国际组织的互动可能会面临成员国偏好异质性加剧、国际议程设置能力被挤压等问题，需要有针对性地就这些方面做出努力。

结语

本书以"委托-代理"理论作为分析国家与政府间国际组织的互动关系的研究纲领，探讨了在"委托-代理"理论的知识结构和分析模式下，国家与政府间国际组织的互动关系的构成要件、互动的基本特征、互动方式，以及可能的互动结果四个主要的问题。为了回答这四个问题，本项研究首先运用拉卡托斯的"科学研究纲领方法论"，构建起"委托-代理"理论的知识结构和分析模型，提炼出"委托-代理"理论作为一个科学研究纲领的核心假定和基本辅助性假定。在此基础上，从科学成长的动态视角出发，总结出"委托-代理"理论下国家与政府间国际组织的互动关系的研究纲领及其"保护带"的调整，建构起国家和政府间国际组织的复杂"委托-代理"关系链。最后，高度概括出"委托-代理"理论下国家与政府间国际组织的互动方式和可能的互动结果。

一、研究基本结论

本项研究在"委托-代理"理论的研究纲领框架下，得出关于国家与政府间国际组织的互动关系的基本结论如下。

（一）"委托-代理"理论下国家与政府间国际组织的互动关系的构成要件是什么？

"委托-代理"理论认为，国家与政府间国际组织的互动关系本质上是一种由国家对政府间国际组织的授权建构起来的"委托-代理"关系，同时，委托人和代理人都要满足主体适格。因此，从主体要件上看，"委托-代理"理论下，有权对政府间国际组织授权并成为其成员国的国家委托人指的是现代意义上的主权国家，应当具备领土、政权、人口和主权四个要素，其中主权是核心要素。而作为代理人的政府间国际组织则指的是两个以上主权国家的政府通过签订符合国际法的契约所组成的国际组织，政府间国际组织的成员国只能是国际法承认的主权国家。"授权"是连接国家和政府间国际组织"委托-代理"关系的桥梁和纽带。国家的授权是政府间国际组织权威的最初和主要来源，它建构和维系着国家与政府间国际组织的关系。当国家终止这种授权时，也就意味着国家与政府间国际组织"委托-代理"关系的结束。

（二）"委托-代理"理论下国家与政府间国际组织的互动关系的基本特征是什么？

"委托-代理"研究纲领关于国家与政府间国际组织的互动关系的核心假定有以下三个。（1）国家是一个理性的委托人。国家对政府间国际组织的任何与授权相关的行为都是以尽可能实现自身利益的最大化为目标的理性选择结果。（2）政府间国际组织是一个理性的代理人。政府间国际组织是独立于国家的主体，并拥有自身的利益偏好，且有脱离国家的影响和控制、追求自身利益最大化的倾向和能力。（3）国家与政府间国际组织之间存在着信息不对称。国家在对政府间国际组织授权之后，并不能（或成本过高）监控政府间国际组织的所有行动，使得政府间国际组织相对于国家来说具有一定的信息优势。这种信息优势会提高政府间国际组织背离成员国偏好、产生代理懈怠的可能性。

这三个核心假定是"委托-代理"理论研究纲领的"硬核"，可以被视为所有"委托-代理"关系模型的普遍特征。但是，国家与政府间国际组织的"委托-代理"关系模型与传统的经济学"委托-代理"模型及国内政治的"委托-代理"模型相比，具有明显的差异性：第一，作为委托人的国家，是一个复杂的集体委托人（collective principals），这意味着成员国内部需要先解决集体决策问题，才能够作为一个整体与作为代理人的政府间国际组织进行授权互动。第二，作为代理人的政府间国际组织是一个由代表不同利益的机构组成的复杂代理人。其中一些机构是由成员国派驻在政府间国际组织内部的代表组成的，它们被称为"准代理人"（proximate principals），是国家权力在政府间国际组织内部的延伸。这使政府间国际组织相比其他"委托-代理"关系中的代理人更容易受到委托人的影响和控制。第三，基于主体的复杂性，国家与政府间国际组织之间的"委托-代理"关系链也更加复杂，这就需要我们在分析国家与政府间国际组织的互动关系时，考虑更多的影响因素。

（三）"委托-代理"理论下国家与政府间国际组织之间以怎样的方式进行互动？

"委托-代理"理论下国家与政府间国际组织之间的互动是理性的、以实现自身利益最大化为目标的双向互动。

从国家的立场出发，国家希望通过对政府间国际组织的授权，实现国家实施单边行动或其他国际合作方式所无法实现的收益，这表现为国家在功能上对政府间国际组织的依赖。首先政府间国际组织所具有的很多功能的确能够为国家带来额外的收益，如处理国际合作的专业性问题、解决国家间合作的政策溢出效应、促进国家间集体决策和国家间争端问题的解决、增加国家间合作的承诺可信性、构筑或锁定政策边界等。这些优势随着政府间国际组织在国际社会中地位和作用的提升会越发明显。其次，对于理性的国家来说，实现利益最大化除了扩大授权收益外，还要尽可能地减少授权成本。而在"委托-代理"理论下，国家的授权成本主要源于政府间国际组织的自主性可能引发的代理懈怠。为此，国家需要设计有效的控制机制，降低政府间国际组织产生代理懈怠的可能性。这些控制机制包括事前的甄选机制，事后的监督、制衡和奖惩机制。

从政府间国际组织的立场出发，政府间国际组织自成立之日起就希望能够在保障自身生存利益的同时尽可能地扩张组织，寻求组织自身的发展和壮大。如果政府间国际组织受到成员国的严格控制，那么它们的这种目标将很难实现。因此，政府间国际组织会通过制定各种策略对冲国家的控制，从而扩大组织实施自主性的空间，如解释和再解释国家制定的规则、利用信息优势向国家隐瞒有利于政府间国际组织的信息、增加国家的监控成本等。国家与政府间国际组织之间的信息不对称为政府间国际组织实施这些对冲策略提供了可能。此外，政府间国际组织也善于利用国家集体委托人内部的偏好异质性、第三方对政府间国际组织的可渗透性等因素强化这些对冲策略的效果。

（四）"委托-代理"理论下国家与政府间国际组织将会有怎样的互动结果？

"委托-代理"理论观察到不同情况下国家与政府间国际组织的互动关系结果的差异性。国家与政府间国际组织的理性决定两者之间存在不同的，甚至是相互矛盾的利益偏好，而它们的互动结果取决于在国家的控制下，拥有自主性的政府间国际组织能够在多大程度上将其独立偏好转化为实在的权力。

如果国家能够对政府间国际组织制定严格且有效的控制机制，而政府间国际组织又无法对国家实施对冲策略，政府间国际组织将在绝大多数情况下按照成员国的利益行动，如北大西洋公约组织。有的时候，尽管国家在成立政府间国际组织之初对其制定了严格的控制机制，但是随着政府间国际组织能力的提升，政府间国际组织可以在部分问题领域脱离国家的控制，如国际货币基金组织。在这种情况下，我们甚至可以预期这样的政府间国际组织在未来会不断扩大其自主性，逐渐在更多的领域摆脱成员国的干预。当然，也有一些政府间国际组织自成立之初就被国家赋予了较强的自由裁量权，它们或许是拥有较强专业性的组织，又或许能够处理国家通过其他方式难以处理的问题。国家对这样的政府间国际组织的依赖性较强，且这些政府间国际组织有充分的有利条件实施它们的自主性，维护和扩大组织本身的生存和发展利益，甚至可以反过来规范和塑造国家的利益偏好和行为方式。

总的来说，"委托-代理"理论认为，国家和政府间国际组织的互动关系具有差异性和变化性。政府间国际组织并非在任何情况下都会遵从国家委托人的利益偏好，但是成为一个完全脱离国家委托人控制的独立行为主体也不符合经验现实。国家与政府间国际组织的互动关系会基于一些主要的因素而产生有迹可循的结果。

二、未来研究方向

在当前的国际环境中，包括政府间国际组织在内的国际组织已经成为主权国家之外的重要国际力量，而国家与国际组织的互动关系也越发成为影响国际关系的主要变量。国际政治理论的多种流派将国家的行为和结构特点作为研究的出发点和落脚点，自然无法包容政府间国际组织的很多特性。而"委托-代理"理论恰好弥补了这一根本不足：一方面，它专注于"委托-代理"关系的研究，并以此作为理论的问题领域；另一方面，它指出了关于"委托-代理"关系的核心变量及变量关系，有助于更好地理解哪些要素能够影响国家与政府间国际组织的互动关系。本书引入"委托-代理"理论作为解释国家与政府间国际组织关系的基础性理论,其研究的目的和意义并不在于解构现有的理论大厦,或者创立全新的话语体系,而是希望尝试和发掘解释国家与政府间国际组织的互动关系的另一种模式和逻辑。正如汉斯·摩根索所说的那样:"国际关系研究的真正意义在于向政治实践进程中的载体注入可能转变为现实的观念。"① 从这一层面上来看,本书只是迈出了第一步,更深一步的研究需要在未来予以丰富。几个可行的方向如下。

(一)验证"委托-代理"理论对国家和政府间国际组织的先验理性假定并不意味着两者利益的必然性冲突。

从"委托-代理"理论的核心假定出发,国家和政府间国际组织都是理性主体,它们均希望在互动博弈中取得收益的最大化。这必然导致国家和政府间国际组织存在相互冲突的利益。然而,理性从来不等同于"零和"。在全球化和相互依赖的国际环境中,国家和政府间国际组织存在相当的共同利益。一方面,国家的授权为政府间国际组织提供了最主要的权力来源,国家的认同是政府间国际组织在国际层面实现合法性和权威性的重要基础;另一方面,国际政府间国际组织不仅可以为国家带来授权收益,还能够在超国家层面重塑国家利益,政府间国际组织对组织本身生存和发展的利益的追求也很可能为国家提供新的利益选择范围。因此,国家和政府间国际组织既存在竞争关系,又存在共体利益。

(二)运用"委托-代理"理论探索在什么情况下国家与政府间国际组织能够实现良性互动。

既然国家和政府间国际组织之间存在共体利益,那么如何运用"委托-代理"理论引导国家与政府间国际组织向积极、良性的方向互动,探寻减少两者利益冲突、实现双方共同利益最大化的可能性和可行性路径,是理论支持者在后续研究中需要着重追求的论证目标。在这一目标下,研究者或需解决"特定环境中国家与政府间国际组织运用什么样的方式进行互动

---

① Hans Joachim Morgenthau, *The Decline of Democratic Politics* (Chicago: University of Chicago Press, 1962), pp. 75 – 76.

最为合理""国家和政府间国际组织应当如何计算出理性的最佳博弈结果"等问题。

（三）如果政府间国际组织的自主性不断扩大，出现国家与政府间国际组织委托人、代理人角色对调的状况，"委托-代理"理论是否能够及如何适用于这种互动关系的分析？

在现有的对运用"委托-代理"理论解释国家和政府间国际组织的互动关系的众多批判观点中，有相当一部分认为，"委托-代理"理论仍先验性地将国家置于政府间国际组织之上，强调国家在两者互动关系中的主导性。从当今国际社会中国家和政府间国际组织互动的现实来看，国家从政府间国际组织那里获得授权，以政府间国际组织的名义实施特定国际行为的案例也并不少见。比较典型的就是美国多次通过联合国安理会的授权，获得对外进行武力行动的合法性。① 为此，研究者应验证"委托-代理"理论的基本假定是否能够解释政府间国际组织作为国家的委托人的情况，并探析如何运用"委托-代理"理论分析政府间国际组织对国家授权的行为的方式、特征，以及可能的结果。

---

① 李廷康：《美国通过联合国安理会授权使用武力问题研究——基于委托—代理理论》，《国际关系研究》2018 年第 1 期，第 87 - 88 页。

参考文献

一、中文著作（含译著）

[1] 罗伯特·吉尔平：《全球政治经济学：解读国际经济秩序》，杨宇光、杨炯译，上海人民出版社，2003。

[2] 托马斯·库恩：《科学革命的结构》，金吾伦、胡新和译，北京大学出版社，2003。

[3] 迈克尔·巴尼特、玛莎·芬尼莫尔：《为世界定规则——全球政治中的国际组织》，薄燕译，上海人民出版社，2009。

[4] 卡尔·波普尔：《客观知识：一个进化论的研究》，舒炜光、卓如飞、周柏乔，等译，上海译文出版社，2015。

[5] 伊姆雷·拉卡托斯：《科学研究纲领方法论》，兰征译，上海译文出版社，2005。

[6] 张宇燕：《经济发展与制度选择——对制度的经济分析》，中国人民大学出版社，1992。

[7] 苏长和：《全球公共问题与国际合作：一种制度的分析》，上海人民出版社，2009。

[8] 罗伯特·基欧汉：《霸权之后——世界政治经济中的合作与纷争》，苏长和、信强、何曜译，上海人民出版社，2016。

[9] 詹姆斯·多尔蒂、小罗伯特·普法尔茨格拉夫：《争论中的国际关系理论》，阎学通、陈寒溪，等译，世界知识出版社，2003。

[10] 罗伯特·基欧汉、约瑟夫·奈：《权力与相互依赖》，门洪华译，北京大学出版社，2012。

［11］郭树勇：《建构主义与国际政治》，长征出版社，2001。

［12］王逸舟：《当代国际政治析论》，上海人民出版社，1995。

［13］王美权主编《为了谁的安全？——北约军事战略大透视》，新华出版社，2000。

［14］张贵洪：《国际组织与国际关系》，浙江大学出版社，2004。

［15］玛莎·芬尼莫尔：《国际社会中的国家利益》，袁正清译，上海人民出版社，2012。

［16］赵广成：《从合作到冲突：国际关系的退化机制分析》，世界知识出版社，2011。

［17］武心波主编《大国国际组织行为研究》，上海人民出版社，2010。

［18］王逸舟主编《磨合中的建构——中国与国际组织关系的多视角透视》，中国发展出版社，2003。

［19］饶戈平：《国际组织法》，北京大学出版社，1996。

［20］张丽华：《主权博弈——全球化背景下主权国家与国际组织互动比较研究》，吉林大学出版社，2009。

［21］周丕启：《合法性与大战略——北约体系内美国的霸权护持》，北京大学出版社，2005。

［22］曼瑟尔·奥尔森：《集体行动的逻辑》，陈郁、郭宇峰、李崇新译，上海人民出版社，1995。

［23］吴文成：《选择性治理：国际组织与规范倡导》，上海人民出版社，2017。

［24］张维迎：《博弈论与信息经济学》，上海人民出版社，2004。

［25］刘军、李海东：《北约东扩与俄罗斯的战略选择》，华东师范大学出版社，2010。

［26］约瑟夫·熊彼特：《资本主义、社会主义与民主》，吴良健译，商务印书馆，1999。

［27］晋继勇：《全球公共卫生治理中的国际机制分析》，上海人民出版社，2019。

［28］朱杰进：《国际制度设计：理论模式与案例分析》，上海人民出

版社，2011。

[29] 田野：《国家的选择——国际制度、国内政治与国家自主性》，上海人民出版社，2014。

[30] 王铁崖主编《国际法》，法律出版社，2005。

[31] 李滨：《世界政治经济中的国际组织》，国家行政学院出版社，2001。

[32] 蒲俜：《当代世界中的国际组织》，当代世界出版社，2002。

[33] 韦进深：《决策偏好与国家的国际制度行为研究》，世界图书出版广东有限公司，2014。

[34] 伯恩哈德·弗里茨—克罗科、帕尔梅什瓦尔·拉姆劳干编《国际货币基金组织手册：职能、政策与运营》，葛华勇译，中国金融出版社，2013。

[35] 刘丰：《制衡的逻辑——结构压力、霸权正当性与大国行为》，世界知识出版社，2010。

[36] 唐世平：《制度变迁的广义理论》，沈文松译，北京大学出版社，2016。

二、中文期刊论文

[1] 刘宏松：《国际组织的自主性行为：两种理论视角及其比较》，《外交评论（外交学院学报）》2006年第3期。

[2] 刘丰：《从范式到研究纲领：国际关系理论的结构问题》，《欧洲研究》2006年第5期。

[3] 张建宏、郑义炜：《国际组织研究中的委托代理理论初探》，《外交评论（外交学院学报）》2013年第4期。

[4] 陈寒溪：《论华尔兹纲领的硬核与问题转换》，《世界经济与政治》2007年第4期。

[5] 刘莲莲：《国际组织研究：议题、方法与理论》，《国际政治研究》2021年第2期。

[6] 刘莲莲：《国际组织理论：反思与前瞻》，《厦门大学学报（哲学

社会科学版)》2017年第5期。

[7] 余敏友:《二十世纪的国际组织研究与国际组织法学》,《法学评论》1999年第2期。

[8] 吴改:《中国与国际组织的互动实践:问题与方向——基于对外交部网站公布的114个国际组织的分析》,《区域与全球发展》2020年第1期。

[9] 漆海霞:《国际关系学科中研究方法的应用分野——对2005—2009年〈国际组织〉杂志的数据分析》,《外交评论》2011年第5期。

[10] 白云真:《试论美国国际关系理论研究的进展——基于〈国际组织〉与〈国际研究季刊〉(1997—2006年)的文本考察》,《世界经济与政治》2007年第8期。

[11] 汤蓓:《财政危机下的国际组织变革路径》,《世界经济与政治》2019年第9期。

[12] 汤蓓:《试析国际组织行政模式对其治理行为的影响》,《世界经济与政治》2012年第7期。

[13] 汤蓓:《伙伴关系与国际组织自主性的扩展——以世界卫生组织在全球疟疾治理上的经验为例》,《外交评论(外交学院学报)》2011年第2期。

[14] 汤蓓:《试析国际组织行政改革的动力机制——以世界卫生组织为例》,《国际观察》2013年第6期。

[15] 王国成:《西方经济学理性主义的嬗变与超越》,《中国社会科学》2012年第7期。

[16] 倪星:《论民主政治中的委托-代理关系》,《武汉大学学报(社会科学版)》2002年第6期。

[17] 张丽华:《国家和国际组织的权力功能比较分析》,《学习与探索》2010年第1期。

[18] 谢海霞:《国际组织的内国法律人格探析》,《政治法学研究》2017年第1期。

[19] 张丽华:《非零和博弈——国家主权和国际组织关系的再思考》,

《社会科学战线》2004年第2期。

[20] 饶戈平：《试论国际组织与国际组织法的关系》，《中外法学》1999年第1期。

[21] 刘力：《试论西方国际关系理论演进的理性主义基础》，《世界经济与政治》2006年第7期。

[22] 刘宏松：《国际组织与非传统性公共安全问题的国际治理》，《理论与改革》2005年第6期。

[23] 何志鹏：《国际社会契约：法治世界的原点架构》，《政法论坛》2012年第1期。

[24] 周亦奇、唐世平：《"半负面案例比较法"与机制辨别——北约与华约的命运为何不同》，《世界经济与政治》2018年第12期。

[25] 冯绍雷：《北约东扩、"特朗普新政"与俄欧安全新格局》，《俄罗斯研究》2017年第1期。

[26] 王萍：《论IMF贷款条件性改革动向对亚投行的发展启示》，《理论月刊》2016年第5期。

[27] 苏静静、张大庆：《中国与世界卫生组织的创建及早期合作（1945—1948）》，《国际政治研究》2016年第3期。

[28] 阎学通：《国际领导与国际规范的演化》，《国际政治科学》2011年第1期。

[29] 马荣久：《国际组织中的国家话语权》，《国际展望》2021年第4期。

[30] 丁志刚：《全球化与国家角色》，《世界经济与政治》2002年第2期。

[31] 饶戈平、黄瑶：《论全球化进程与国际组织的互动关系》，《法学评论》2002年第2期。

[32] 张丽华：《在国家和国际组织互动中重塑国家利益》，《社会科学战线》2009年第6期。

[33] 张丽华：《全球化的背景下国际组织与主权国家的互动分析》，《行政与法》2007年第8期。

［34］李东燕：《试论联合国与主权国家关系的演变》，《世界经济与政治》2000年第5期。

［35］陈颖健：《联合国专门机构职能扩张的法律问题研究——以世界卫生组织为例》，《外交评论》2008年第2期。

［36］刘莲莲：《国际公共政策研究与范式创新》，《学术月刊》2017年第6期。

［37］王明国：《国际制度理论研究新转向与国际法学的贡献》，《国际政治研究》2013年第3期。

［38］张小波：《国际组织研究的发展脉络和理论流派争鸣》，《社会科学》2016年第3期。

［39］徐崇利：《国际关系理论与国际法学之跨学科研究：历史与现状》，《世界经济与政治》2010年第11期。

［40］田野：《国际制度的形式选择——一个基于国家间交易成本的模型》，《经济研究》2005年第7期。

［41］王明国：《国际制度互动与制度有效性关系研究》，《国际论坛》2014年第1期。

［42］唐纲、韦进深：《国际组织自主性行为研究述评》，《西南石油大学学报（社会科学版）》2012年第1期。

［43］刘传春：《国际组织与美国的理想主义和现实主义》，《华中科技大学学报（社会科学版）》2004年第1期。

［44］薄燕：《作为官僚机构的国际组织——评〈为世界定规则：全球政治中的国际组织〉》，《外交评论（外交学院学报）》2008年第3期。

［45］杨广、尹继武：《国际组织概念分析》，《国际论坛》2003年第3期。

三、英文著作

［1］Michael Barnett and Martha Finnemore, *Rules for the World International Organizations in Global Politics* (Ithaca and London: Cornel University Press, 2004).

[2] Robert O. Keohane, *After Hegemony: Cooperation and Discord in the World Political Economy* (Princeton: Princeton University Press, 1984).

[3] Darren G. Hawkins, David A. Lake, Daniel L. Nielson and Michael J. Tierney, *Delegation and Agency in International Organizations* (New York: Cambridge University Press, 2006).

[4] Ernest Nagel, *The Structure of Science: Problems in the Logic of Scientific Explanation* (London and Indianapolis: Routledge and Hacket Publishing, 1961).

[5] James S. Coleman, *Foundations of Social Theory* (Cambridge, MA: Belknap Press of Harvard University Press, 1990).

[6] Max Weber, *Economy and Society: An Outline of Interpretive Sociology* (Berkeley: University of California Press, 1978).

[7] Oliver E. Williamson, *The Economic Institutions of Capitalism: Firms, Markets, Relational Contracting* (New York: Free Press, 1985).

[8] D. Rodetick Kiewiet and Mathew D. McCubbins, *The logic of Delegation: Congressional Parties and the Appropriations Process* (Chicago: University of Chicago Press, 1991).

[9] Alvin LeRoy Bennett and James K. Oliver, *International Organizations: Principles and Issues* (New Jersey: Preutice, 1995).

[10] Bob Reinlda, *Routledge History of International Organizations From 1815 to the Present Day* (New York: Routledge Press, 2009).

[11] Richard Collins and Nigel D. White(eds.), *International Organizations and the Idea of Autonomy: Institutional Independence in the International Legal Order* (New York: Routledge Press, 2011).

[12] John W. Kingdon, *Agendas, Alternatives, and Public Policies* (London: Longman, 2003).

[13] Deborah D. Avant, Martha Finnemore and Susan K. Shell(eds.), *Who Governs the Globe?* (New York: Cambridge University Press, 2010).

[14] Bamy Buzan, *From International to World Society? English School*

Theory and the Social Structure of Globalisation (New York: Cambridge University Press, 2005).

[15] Mark A. Pollack, *The Engines of European Integration: Delegation, Agency, and Agenda Setting in the EU* (Oxford: Oxford University Press, 2003).

[16] Lloyd Gruber, *Ruling the World: Power Politics and the Rise of Supranational Institutions* (New Jersey: Princeton University Press, 2000).

[17] James E. Alt and Kenneth A. Shepsle(eds.), *Perspectives on Positive Political Economy* (New York: Cambridge University Press, 1990).

[18] Mathew D. McCubbins and Terry Sullivan(eds.), *Congress: Structure and Policy* (New York: Cambridge University Press, 1987).

[19] Thomas Risse, Stephen C. Ropp and Kathryn Sikkink (eds.), *The Power of Human Rights: International Norms and Domestic Change* (New York: Cambridge University Press, 1999).

[20] Margaret E. Keck and Kathryn Sikkink, *Activists beyond Borders: Advocacy Networks in International Politics* (Ithaca and London: Cornell University Press, 1998).

[21] Karen J. Alter, *Establishing the Supremacy of European Law: The Making of an International Rule of Law in Europe* (New York: Oxford University Press, 2010).

[22] Lawrence S. Kaplan, *The United States and NATO: The Formative Years* (Lexington The University of Kentucky Press, 1984).

[23] United States Congress Senate Committee on Foreign Relationship, *The Vandenberg Resolution and the North Atlantic Treaty* (Michigan: University of Michigan Library Press, 1973).

[24] Robert S. Jordan and Michael W. Blocme, *Political Leadership in NATO: A Study in Multinational Diplomacy* (New York: Routledge, 2019).

[25] Robert G. Gilpin, *The Political Economy of International Relations* (New Jersey: Priceton University Press, 1987).

[26] James M. Boughton, *Tearing down Walls: The International Monetary*

Fund 1990 – 1999 (Washington: International Monetary Fund, 2012).

[27] Kenneth W. Dam, *The Rules of the Game: Reform and Evolution in the International Monetary System* (Chicago: University of Chicago Press, 1982).

[28] Robert W. Cox and Harold K. Jacobson, *The Anatomy of Influence: Decision Making in International Organization* (London: Yale University Press, 1974).

[29] Thomas G. Weiss and Rorden Wilkinson (eds.), *International Organization and Global Governance* (New York: Routledge, 2023).

[30] Margaret P. Karns, Karen A. Mingst and Kendall W. Stiles, *International Organizations: The Politics and Processes of Global Governance* (Colorado: Lynne Rienner Publishers, 2004).

四、英文期刊论文

[1] James Bacchus, "Table Talk: Around the Table of Appellate Body of World Trade Organization," *Vanderbilt Journal of Transnational Law* 35, no. 4 (2021).

[2] David Mitrany, "A Working Peace System: An Argument for the Functional Development of International Organization," *International Affairs* 20, no. 1 (1944).

[3] Anne-Marie Burley and Walter Mattli, "Europe Before the Court: A Political Theory of Legal Integration," *International Organization* 47, no. 1 (1993).

[4] Mark A. Pollack, "Delegation, Agency and Agenda Setting in the European Community," *International Organization* 51, no. 1 (2003).

[5] Ernst B. Haas, "International Integration: The European and the Universal Process," *International Organization* 15, no. 3 (1961).

[6] Jeffrey T. Checkel, "International Institutions and Socialization in Europe: Introduction and Framework," *International Organization* 59, no. 4 (2005).

[7] Gayl D. Ness and Steven R. Brechin, "Bridge the Gap: International Organization as Organizations," *International Organizations* 42, no. 2(1988).

[8] Cheryl Shanks, Harold K. Jacobson and Jeffrey H. Kaplan, "Inertia and Change in the Constellation of International Governmental Organizations, 1981 - 1992," *International Organization* 50, no. 4(1996).

[9] Tana Johnson, "Looking beyond States: Openings for International Bureaucrats to Enter the Institutional Design Process," *The Review of International Organizations* 8, no. 4(2013).

[10] Melvin Richter, "Toward a Concept of Political Illegitimacy: Bonapartist Dictatorship and Democratic Legitimacy," *Political Theory* 10, *no*. 2 (1982).

[11] Martha Finnemore and Stephen J. Toope, "Alternatives to 'Legalization': Richer Views of Law and Politics," *International Organization* 55, no. 3(2001).

[12] Judith Goldstein, Miles Kahler, Robert O. Keohane and Anne-Marie Slaughter, "Introduction: Legalization and World Politics," *International Organization* 54, no. 3(2000).

[13] Robert Axelrod and Robert O. Keohane, "Achieving Cooperation under Anarchy: Strategies and Institutions," *World Politics* 38, no. 1(1985).

[14] John A. Vasquez, "The Realist Paradigm and Degenerative versus Progressive Research Programs: An Appraisal of Neotraditional Research on Waltz's Balancing Proposition," *American Political Science Review* 91, no. 4 (1997).

[15] David A. Lake, "Leadership, Hegemony, and the International Economy: Naked Emperor or Tattered Monarch with Potential?," *International Studies Quarterly* 37, no. 4(1993).

[16] Stephen A. Ross, "The Economic Theory of Agency: The Principal's Problem," *The American Economic Review* 63, no. 2(1973).

[17] William P. Rogerson, "The First-Order Approach to Principal-Agent

Problems," *Econometrica* 53, no. 6(1985).

[18] Gary J. Miller, "The Political Evolution of Principal-Agent Models," *Annual Review of Political Science* 8, no. 1(2005).

[19] Steven Shavell, "Risk Sharing and Incentives in the Principal and Agent Relationship," *The Bell Journal of Economics* 10, no. 1(1979).

[20] Dietmar Braun and David H. Guston, "Principle-Agent Theory and Research Policy: An Introduction," *Science and Public Policy* 30, no. 5(2003).

[21] Oyvind Bohren, "The Agent's Ethics in the Principle-Agent Model," *Journal of Business Ethics* 17, no. 7(1998).

[22] Mathew D. McCubbins and Thomas Schwartz, "Congressional Oversight Overlooked: Police Patrols versus Fire Alarms," *American Journal of Political Science* 28, no. 1(1984).

[23] Edward T. Swaine, "The Constitutionality of International Delegations," *Columbia Law Review* 104, no. 6 (2004).

[24] Kenneth W. Abbott and Duncan Snidal, "Why States Act through Formal International Organizations," *Journal of Conflict Resolution* 42, no. 1 (1998).

[25] Curtis A. Bradley and Judith G. Kelley, "The Concept of International Delegation," *Law and Contemporary Problems* 71, no. 1(2008).

[26] Roland Vaubel, "Principal-agent Problems in International Organizations," *The Reviews of International Organizations* 1, no. 2(2006).

[27] Lisa L. Martin, "Interests, Power, and Multilateralism," *International Organization* 46, no. 4(1992).

[28] Manfred Elsig, "Principal-Agent Theory and the World Trade Organization: Complex Agency and 'Missing Delegation'," *European Journal of International Relations* 17, no. 3(2010).

[29] Daniel L. Nielson and Michael J. Tierney, "Delegation to International Organizations: Agency Theory and World Bank Environmental Reform," *International Organization* 57, no. 2(2003).

[30] Theodore M. Brown, Marcos Cueto and Elizabeth Fee, "The World Health Organization and the Transition from 'International' to 'Global' Public Health," *American Journal of Public Health* 96, no. 1(2006).

[31] James G. March and Johan P. Olsen, "The Institutional Dynamics of International Political Orders," *International Organization* 52, no. 4(1998).

[32] Robert B. McCalla, "NATO's Persistence after the Cold War," *Internsational Organization* 50, no. 3(1996).

[33] David P. Fidler, "From International Sanitary Conventions to Global Health Security: The New International Health Regulations," *Chinese Journal of International Law* 4, no. 2(2005).

后 记

第二次世界大战结束后,国际组织在国际关系中扮演十分活跃的角色。尽管当前国际局势仍是以大国竞争为主导的格局,但是主权国家与国际组织,尤其是政府间国际组织的频繁互动,已在很大程度上对国际关系产生重大影响。华尔兹曾说,理论是对某一领域的组织及其各部分之间相互联系的描述,任何范畴无穷无尽的材料都可以用无数种方式组织起来,用于指明一些因素比其他因素更为重要,并具体指出其中的联系。基于这样的逻辑,相对于既有的关于国家与政府间国际组织的互动关系研究而言,本书一方面将"委托-代理"研究纲领的知识架构作为分析国家与政府间国际组织的互动关系的核心假定和逻辑起点;另一方面,通过对国际关系现实中国家与政府间国际组织的互动关系的考察,对"委托-代理"研究纲领进行了一定的检验和补充。

需要说明的是,尽管本书致力于打开国家和政府间国际组织的互动关系的"黑箱",尝试将集体委托人、复杂代理人及国家与政府间国际组织的冗长授权链纳入"委托-代理"研究纲领框架,尝试从差异性和变化性两个层面更加深入地分析成员国和政府间国际组织的互动关系的复杂性,但考虑到其中涉及对诸多跨学科重要概念的详细解析、交叉学科观点的运用和学术理解,加之作者自身学术能力的限制,因此难免在理论的借鉴和运用、逻辑的设计及论证的严谨性方面存在失误与不足之处,恳请各位师长与同仁批评指正。

本书是我在博士论文的基础上修改而成的。之所以选择这一研究对象和研究视角,除了长期以来的研究兴趣外,直接原因便是学生时期导师的指引。科研本是一场孤独的修行,幸运的是,在这条看似艰难的道途中,我遇到了自己的引路人、同行人。自从在吉林大学跟随张丽华教授攻读硕士研究生开始，张老师在国际法、主权国家与国际组织的关系、国际机制等方面的学术贡献为我打开了国际组织研究的大门。初入国际组织研究殿堂，对于法学专业出身的我，张老师始终在做并一直引导的一项工作便是夯实我的理论基础，并要求我熟练掌握国际关系的科学研究方法，教导我千里之行，始于足下。攻读博士研究生阶段，我的导师王生教授更是给予了我治学和为人上的引导。王生老师在专业领域的前瞻性研究、对热点问题的独特洞见及在科研方面的严谨态度不断感染着我，激励我在学术上要如"登山"一样，只有刻苦钻研、勤谨不怠，才能在有机会领略更美的风景时有所感叹。我天资愚笨，性格过于耿直，每每在学术和生活中碰壁，王老师总是能够理解我的困惑、包容我的过错，并悉心开导，帮我走出困境。王老师教导、支持我独立思考、敢于质疑、勇于创新。我想，本书得以最终完成，与王老师的指导和督促密不可分。

与此同时，我还要真诚地感谢吉林大学行政学院的诸位老师对我的教导和帮助，感谢刘清才老师、刘雪莲老师、黄凤志老师、于海洋老师在我求学期间对我专业上的指导和生活上的关怀；感谢肖晞老师、郭锐老师、官笠俐老师对我博士毕业论文开题、写作，以及在未来研究、发展方面提供的宝贵建议和帮助。特别感谢美国丹佛大学约瑟夫·科贝尔国际关系学院赵穗生教授对论文的修改和完善提出的重要指导意见。在论文写作过程中，除导师和师长的指导与关怀外，还要感谢姜鹏师兄、赵伟师兄及同窗桑溥、周金宁、马程等给予我专业和精神上的帮助和鼓励。

最后，要由衷地感谢我的家人对我在科研道路上无条件的支持。他们从不干涉我的选择，也不限制我的追求，自始至终包容我，并承担了生活中的许多压力与繁杂事务，使我能够轻装上阵、潜心求学。

张 雪
2023 年 11 月于苏州